LES

TOUAREG DE L'OUEST

LES

TOUAREG DE L'OUEST

PAR

Le Capitaine H. BISSUEL

CHEF DE BUREAU ARABE

AVEC DEUX CARTES

Cartes substituées conservées séparément voir Ctr. Fol. plans.

ALGER

ADOLPHE JOURDAN, LIBRAIRE-ÉDITEUR

IMPRIMEUR-LIBRAIRE DE L'ACADÉMIE

1888

INDEX ALPHABÉTIQUE

A

ABAÏA. — Sorte de blouse sans manches.

ADRAR. — Montagne.

ADR'AR' ou ADGHAGH. — Caillou, rocher. — Nom donné au massif montagneux situé au sud de la région de l'Ahnet, et dont la tribu des Ouelimmiden occupe la majeure partie.

AG. — Fils de.....

AHAGGAR. — Nom targui du massif montagneux plus connu sous le nom de HOGGAR, et donné aussi aux Touareg qui l'habitent.

AHL EL TRAB. — Gens de la poussière (revenants.)

ALLOUS. — Dune allongée, à arête tranchante. (*Voir* DUNES).

AMRID. — Serf; au féminin TAMRIT ; au pluriel IMRAD.

AREG (pluriel de ERG). — Veines ; vastes espaces couverts de dunes. (*Voir* DUNES).

ARIG. — Terrain couvert de petites dunes (diminutif de *Erg*). *Voir* DUNES.

AZGUEUR ou AZDJER. — Confédération targui, dont le territoire est à l'est du Hoggar.

B

BASSOUR. — Palanquin où prennent place les femmes et les enfants en bas-âge voyageant à dos de chameau. Le bassour se compose d'un siège double et d'une carcasse en bois léger (ordinairement de laurier rose), qu'on recouvre d'étoffes plus ou moins luxueuses, destinées à protéger les voyageurs du soleil, de la pluie et de la poussière. Le bassour des riches est surmonté, dans certaines circonstances, d'une ou de plusieurs touffes de plumes d'autruche (*Attouch,* pluriel *attatich*).

BATEN. — Plateau allongé.

BIR (au pluriel BIAR). — Puits ordinaire.

BIR EL R'RAMA. — Puits situé à l'est du Hoggar, où ont été massacrés le lieutenant-colonel Flatters et ses compagnons.

BOU REQOUD. — Littéralement : *Le père dormant.* — Les légistes musulmans admettent que l'enfant peut « *dormir* » dans le sein de sa mère, au-delà du terme de la gestation, et cela pendant un temps qui peut aller jusqu'à cinq ans. L'enfant qui naît dans ces conditions est dit *Bou Reqoud,* et la loi lui donne pour père le dernier mari de sa mère. — La loi musulmane a voulu, évidemment, par cette étrange disposition, restreindre autant que possible le nombre des enfants sans famille, dans une société où le divorce, résultat souvent d'un simple caprice, rompt avec la plus grande facilité les unions même les plus récentes. Mais, si le mal à conjurer était grand, il faut reconnaître que le remède est au moins bizarre.

C

CADI. — Magistrat musulman dont les fonctions participent à la fois de celles du juge et de celles du notaire.

CAÏD. — Chef de tribu. Dans les tribus soumises à notre autorité, le caïd reçoit l'investiture du gouvernement Français ; il porte comme une marque distinctive de sa dignité, un burnous en drap écarlate.

CHAANBAA. — Tribus arabes, originaires des Ouled Madhi, de l'annexe de Msila (province de Constantine), venues dans le Sahara au commencement du XVIIe siècle, aujourd'hui soumises à l'autorité Française et dont les campements s'étendent du Souf (à l'Est) jusqu'à la limite qui sépare les provinces d'Alger et d'Oran (à l'Ouest). — Sur toute cette ligne les Châanbâa sont en contact direct avec les tribus indépendantes de l'extrême sud. Les Châanbâa forment quatre groupes principaux, qui se subdivisent en tribus et fractions, ainsi qu'il suit :

1° Châanbâa Berezga (ou de Metlili)

KSAR DE METLILI (1,035 habitants)	Cheurfa ; Beni Merzoug ; Beni Mzab ; Merabtin. { Ouled Sidi Zian ; Ouled Si Belkacem.
OULED ABD EL KADER (1,392 habitants)	Aouameur ; Ouled Ameur ; Ouled Ghemara ; Souaïah ; Ouled Hanich.
OULED ALLOUCH (1,398 habitants)	Ouled Brahim ; Ouled Moussa ; Touameur ; El Bahaza ; Cheulg ; Djerouda ; Ouled Aïssa ben Moussa ; Oumirat.

2° CHÂANBÂA EL MOUADHI (ou d'EL GOLÉA)

(1,575 habitants)

Mouadhi ;
El Aïcha ;
Ouled Sidi El Hadj Yahia ;
Ouled Zid ;
Zenata ;
Ouled Feredj.

3° CHÂANBÂA BOU ROUBA (ou HAB ER RIH, ou d'OUARGLA)

OULED SMAÏN
(430 habitants)

{ Ouled Bou Rouba ;
Chegoug ;
Ouled Bou Bekeur ;
Ouled Amar.

CHÂANBÂA GUEBALA
(1,050 habitants)

Ouled Feredj { Ouled Hamich ;
Ouled Feradj ;
Ouled Nessir ;
Ouled Zid ;
Ouled Belkacem ;
Douï.

Ouled Bou Said { Deboub ;
Ouled Ali ben Abdallah.

4° CHÂANBÂA D'EL OUED (ou du SOUF)

Ce groupe, le moins nombreux des quatre, est originaire des Châanbâa d'Ouargla. — Vers 1820, un homme nommé Amran ayant été tué dans une rixe, sa veuve se réfugia au Souf avec ses enfants ; quelques mécontents ne tardèrent pas à l'y rejoindre et à former un groupe qui, en 1868, comptait déjà trente tentes et qui en compte aujourd'hui (1888) cent une, réparties entre les deux fractions des Oued Amran et d'El Ghardaïa.

Les Châanbâa, dits d'El Oued, ont pour centre El Hamich, sorte de faubourg de cette ville. Ils ne forment qu'un seul cheikat.

CHAANBI. — Homme des Châanbâa.

CHEBKA. — Littéralement : *Filet.* — Terrain raviné en tous sens et dont les bas-fonds sont limités par des hauteurs d'une altitude à peu près uniforme. Telle est la Chebka du Mzab, immense plateau rocheux sur lequel il semble que Dieu, dans un jour de colère, ait étendu un *filet* imbibé d'un corrosif :

chaque maille a creusé son empreinte, détruisant autour d'elle toute végétation.

CHEIKH (au pluriel CHIOUKH ou MCHAÏKH). Littéralement : *Vieillard*. Chef de fraction, inférieur au caïd. — Se dit aussi des grands maîtres d'ordres religieux ; le mot a, alors, le sens de *Vénérable*.

CHOUAF (au pluriel CHOUAFA). — Vedette, du verbe arabe *chouf*, regarder, voir.

D

DAÏA (quand le mot suivant commence par une voyelle on prononce DAÏET). — Bas-fond où l'eau des pluies séjourne plus ou moins longtemps et où, par suite, la végétation est relativement abondante.

DJEBEL. — Montagne.

DJINN. — Au pluriel DJENOUN. Lutin. Esprit malin.

DUNES. — Elles portent plusieurs noms, selon leur forme et leur importance, savoir :

1° *Erg* (au pluriel *Areg*). — *Edéi* (au pluriel *Edeyen*). — Le premier mot est arabe, le second tamahaq. Ils désignent d'immenses espaces couverts de dunes de toutes formes et de toutes dimensions. La superficie du grand erg, compris entre 29° et 24° lat. N. et entre 7° long. E. et 3° long. O., est évaluée à douze millions d'hectares ;

2° *Arig*. — Diminutif d'*erg*. Terrain couvert de petites dunes ;

3° *Allous* en tamahaq, ou *sif* en arabe. — Dune allongée, à arête tranchante comme une lame de sabre (d'où le nom arabe *sif* qui signifie *sabre);*

4° *Ghourd*. — Piton sablonneux de forme conique, souvent inaccessible, en raison de la raideur de ses pentes ;

5° *Zmila* (au pluriel *zmoul*). — Dune d'une certaine importance, sans forme déterminée ;

6° *Zméila.* — Diminutif de *zmila ;*

7° *Zebara.* — Synonyme de *zméila.* — Plus particulièrement employé dans le Sahara de la province de Constantine.

E

EL GOLÉA. — Ksar des Châanbâa el Mouadhi, situé par environ 30°,35' lat. N. et 0°,3' long. E., c'est-à-dire presque sur le méridien d'Alger. La route qui relie la capitale française de la colonie au Ksar Saharien, mesure environ 900 kilomètres, ainsi répartis entre ses tronçons principaux :

1° D'Alger à Laghouat (par Douéra, Blida, Médéa, Boghari et Djelfa).......... 433 kil.

2° De Laghouat à Ghardaïa (par Nili, Tibr'ent et Berryan).................... 195

3° De Ghardaïa à El Goléa (par Metlili, Hassi Berr Ra'ouï (1) et Hassi Zirara)..... 272

Elle est carrossable jusqu'à Metlili, c'est-à-dire sur un trajet de 660 kilomètres ; mais, sauf quelques courts tronçons aux abords de Djelfa et de Laghouat, elle n'est entièrement terminée que jusqu'au 188e kilomètre, soit jusqu'à Bougzoul (22 kil. sud de Boghari). De ce point à Metlili, ce n'est à proprement parler qu'une piste. Au-delà de Metlili, ce n'est plus qu'un medjbed (voir ce mot).

El Goléa, dont le nom, diminutif de *Gueláa,* signifie *petite forteresse,* s'élève sur une gara (piton isolé) de forme à peu près conique ; dominée par une

---

(1) Appelé souvent, improprement, *Hassi Berghabuï,* ou *Bir Rekaouï.* — *Berr R'aouï* veut dire *pays verdoyant.*

kasba (citadelle), munie d'une enceinte fortifiée, elle ne renferme plus guère, actuellement, que des magasins enfouis sous des maisons en ruines. Les habitants sédentaires (nègres ou harratin) vivent à l'ombre des 6,485 palmiers de l'oasis, dans des maisons d'aspect misérable, près des jardins qu'ils cultivent pour le compte des Mouhadhi. Ceux-ci ne viennent généralement à El Goléa qu'au moment de la récolte des dattes; ils plantent alors leurs tentes auprès de leurs palmiers; habituellement, ils campent dans l'Erg, où ils trouvent à nourrir leurs troupeaux.

L'eau est, à El Goléa, abondante et bonne (1). A de rares exceptions près, chaque jardin a son puits à bascule; pendant l'hiver, l'eau n'est guère qu'à un ou deux mètres du sol, parfois même elle déborde d'un puits «communal», reconnaissable à ses deux bascules jumelles et situé dans la partie des jardins qui touche à la gara portant le Ksar; en été, le niveau de l'eau s'abaisse à 4 et 5 mètres.

Outre ses remparts bastionnés, en pierres équarries, dont certaines parties hautes de 8 et 10 mètres évoquent le souvenir des restes de nos chateaux féodaux, El Goléa possède, dans son enceinte, un puits profond de trente mètres. Au dehors, de nombreuses mosquées, monuments fort simples, peu imposants, mais dont les murs sont d'une blancheur éblouissante, égayent le passage; l'une d'elles pique d'un point blanc le sommet de la gara dite Tin Bouzid; gara symétrique à celle qui porte El Goléa, et où s'élevait, jadis, un Ksar rival dont on retrouve à peine les traces aujourd'hui.

A l'ouest, l'Erg, semblable à une mer en furie su-

_____

(1) Nous en avons conservé, en tonnelets, du 12 au 16 novembre 1885, et, malgré les 143 kilomètres franchis pendant ces quatre journées de marche, elle n'avait pas subi la moindre altération.

bitement solidifiée, profile, sur un ciel d'un bleu intense, les arêtes capricieuses de ses flots de sable rougeâtre. C'est un spectacle inoubliable.

ERG (pluriel AREG). — Littéralement *Veine*. Vastes espaces couverts de dunes (*voir* DUNES).

F

FOGGARA (pluriel FEGAGUIR). — Puits à galeries s'embranchant sur une artère principale destinée à draîner toute l'eau d'une dépression, et à la répartir ensuite, suivant un tour établi, entre les jardins qui se développent à son débouché.

G

GARA (pluriel GOUR). — Piton isolé, sorte de témoin resté debout, au milieu de la désagrégation complète des masses qui l'entouraient à l'époque primitive. Les gour forment souvent des groupes ou des lignes; ils affectent généralement des formes régulières : cônes, tables, etc... Le sommet de beaucoup d'entre eux est inaccessible.

GHARDAÏA ou R'ARDAÏA. — La plus importante des villes du Mzab. Chef-lieu du cercle auquel elle a donné son nom. — 10,420 habitants, 72,482 palmiers.

GHEFARA ou R'EFARA. — Redevance et, plus particulièrement, redevance religieuse. Les Touareg de l'ouest ne font pas cette distinction et appliquent au mot le sens général d'*Impot*.

GHOURD. — *Voir* DUNES.

GOUR. — *Voir* GARA.

GOURBI. — Cabane en branchages.

GUESSAA. — Plat creux, en bois, sans pied. C'est l'ustensile de ménage fondamental.

H

HABBOUS. — Donation pieuse ; affectation d'un bien, mobilier ou immobilier, à un usage pieux ou même d'utilité publique. Le habbous se constitue, soit par testament, soit du vivant même du donataire. Celui-ci peut, suivant le cas, se réserver à lui-même ou réserver à ses descendants l'usufruit du bien, meuble ou immeuble, dont il abandonne la nue-propriété.

HAMADA. — Plateau pierreux.

HARKA. — Expédition armée, dirigée par une tribu contre une autre. On confond souvent, à tort, Harka et R'azzou. Il y a cependant une différence sensible entre les deux expressions : le R'azzou s'organise et opère sous l'inspiration et le commandement d'individualités sans mandat et agissant « *motu proprio* » ; la Harka, au contraire, est une véritable opération de guerre, décidée et organisée en conseil de tribu et commandée, soit par le chef de cette tribu, soit par un personnage désigné à cet effet.

HARRATIN (au singulier HARTANI). — Mulâtres originaires du Touat, de l'Aouguerout, etc... Ce sont les descendants des Arabes de ces contrées et de négresses esclaves. Leur type est remarquable en ce qu'ils ont, pour la plupart, le teint des mulâtres sans avoir les traits caractéristiques de la race nègre. Ce sont de robustes travailleurs, des gens paisibles, portés, par nature, vers la vie sédentaire et l'agriculture. Ils sont presque tous khammès des nomades dont ils cultivent les jardins.

HASSI (pluriel HAOUASSI). — Puits ascendant ordinaire.

Se dit plus particulièrement, dans certaines régions, du puits creusé dans le lit d'une rivière.

HOGGAR. (*Voir* HAGGAR).

I

IMRAD. — Serfs (pluriel d'AMRID).

IN. — Celui de... (devrait s'écrire I N). Très employé en géographie : In Salah, — Celui (le lieu) de Salah, In Ifel, In Sokki, etc... Au féminin TIN.

K

KADHI. — *Voir* CADI.

KEBIR (pluriel KEBAR). — Grand, notable.

KEL. — Gens de.....

KESRA. — Galette. Le pain des Arabes.

KHELAA. — Littéralement : *abandonné*. — Le désert.

KORAN. — Livre sacré des Musulmans.

KOUBBA. — Dôme. Par extension, on donne le nom de koubba aux chapelles votives élevées en mémoire des saints de l'Islam et qui sont ordinairement recouvertes d'un dôme. Dans notre langage usuel, nous désignons ces petits monuments sous le nom de « *marabouts* ».

KOUSKOUSSOU. — Mets national des Indigènes de l'Algérie. C'est une sorte de semoule cuite à la vapeur du bouillon ; on en distingue plusieurs espèces :

Barboucha. — C'est le plus commun, il est fait avec de la farine grossière, mélangée de son.

Mhaouar. — Kouskoussou à petits grains, fait de farine de froment.

Medjbour. — Kouskoussou à gros grains, fait de farine de froment. Se sert avec du beurre frais ; c'est un plat de luxe.

Barboucha, mhaouar, et medjbour se mangent arrosés du bouillon *(merga)* très épicé, à la vapeur duquel ils ont cuit.

Mesfouf. — C'est le mahouar, mais cuit à l'eau, assaisonné au sucre et mélangé de raisins secs *(zebib)*.

KSAR (pluriel KSOUR). — Village fortifié.

M

MALÉKITE (RITE). — L'un des quatre rites orthodoxes de la religion musulmane, qui sont :

Le rite Malékite ;
— Hanéfite ;
— Hanbalite ;
— Chaféite.

Il y a deux sectes schismatiques, savoir :

La secte Chiite ;
— Ouabite. — Abadite.

La première représente, en Perse, la religion d'État ; elle n'a pas d'adepte en Algérie.

La seconde (1) est celle à laquelle appartiennent les Beni Mzab (Mozabites), à qui les musulmans orthodoxes appliquent dédaigneusement les épithètes de *khamsia* (cinquièmes) ou de *kharedjiin* (sortis [de la vraie religion]), bien que ces schis-

(1) Voir, pour ce qui concerne cette secte, *La chronique d'Abou Zakaria*, par E. Masqueray (V. Aillaud et Cie, édit. — Alger, 1879); *Marabouts et Khouan*, par le commandant Rinn (Ad. Jourdan, édit. — Alger, 1884, chap. XI, pages 138 et suivantes ; *Le Mzab et son annexion à la France*, par le commandant Robin (A. Jourdan, édit. Alger, 1884), pages 22 et suivantes.

matiques, véritables Puritains de l'Islam, se montrent plus rigoureux observateurs des préceptes du Prophète que les Orthodoxes eux-mêmes.

MARABOUT. — Personnage religieux. Sorte de prêtre indépendant (du participe arabe *merabot*. Attaché, lié [à Dieu]).

MECHGARDEN. — Puits situé à environ 28 kilomètres sud-est d'El Goléa. — Mechgarden est un des puits où les Châanbâa el Mouadhi placent ordinairement des chouafa chargés de surveiller le sud de leur territoire.

MEDJBED. — Sentier battu.

MEHARI (pluriel MEHARA). — Chameau de selle. C'est la monture habituelle des sahariens. On applique le nom de l'animal à celui qui le monte et on dit « un *mehari*, tant de mehara », comme nous disons « Telle colonne a tant de chevaux. »

METLILI. — Ksar situé à 32 kil. S.-E. de Ghardaïa et appartenant aux Chaânbâa Berezga. Bâti au pied d'une hauteur, en dehors d'une oasis de 41,664 palmiers, il est aujourd'hui à demi ruiné. Le nombre de ses habitants, y compris ceux des maisons et des tentes disséminées dans l'oasis, est de 1,035 (1).

MILOK. — Montagne située au N.-O. de Laghouat. Accessible sur un seul point, elle présente un vaste cirque pourvu d'herbe et d'eau, où, en temps de guerre, la tribu des Mekhalif, sur le territoire de laquelle elle se trouve, mettait en sûreté ses tentes et ses troupeaux.

MOUADHI (au singulier MADHOUI). — Abréviation, pour Châanbâa el Mouadhi.

---

(1) Ne pas confondre ce Ksar avec le caravansérail du même nom, situé à 17 kil. nord de Laghouat, sur la route d'Alger.

MOUYDIR. — Vaste plateau Saharien compris entre
25°,45' et 27°,30' lat. N., et entre 3°,30' long. E. et
0°,15 long. O. environ.

MYAD. — Députation de notables chargés de négocier,
avec les représentants d'une tribu étrangère, le rè-
glement d'une affaire déterminée.

O

OGLA. — Groupe de puits.

OUED (pluriel OUIDAN). — Vallée, lit de rivière, et, par
extension, rivière.

OUELIMMIDEN. — Tribu targuie qui habite les parties
montagneuses de l'Adr'ar'.

R

R'AZZIA. — Expédition armée qui a pour but l'enlève-
ment, par surprise, de troupeaux ou autres objets
mobiliers. (*Voir* HARKA).

R'AZZER. — Néologisme. Opérer une r'azzia (verbe
actif).

R'AZZOU. — Groupe d'hommes armés en quête de r'azzia
(*Voir* HARKA).

REG. — Terrain de sable durci, excellent pour la marche,
par extension *Plaine*.

S

SETLA. — Vase à boire : les plus ordinaires sont des
gamelles en fer battu, avec anse mobile, de provenance européenne. — Les indigènes riches en ont
en argent qui sont quelquefois de remarquables
pièces d'orfévrerie. — En route, la *setla* s'accroche
au pommeau de la selle.

SIDI KHELIL. — Célèbre jurisconsulte dont les ouvrages font foi en matière de droit musulman.

SIF, littéralement *sabre*. — Nom donné à une variété de dunes dont l'arête est tranchante comme une lame de sabre. (*Voir* DUNES).

SILET. — *Voir* au chapitre *Géographie*.

T

TADMAÏT, TADMAYT ou TADEMAYT. — Plateau saharien, au nord du Mouydir.

TAMACHER'T) Dialectes de la langue parlée par les
TAMAHΛQ   )   Touareg.

TAMRIT. — Serve (féminin d'AMRID).

TARGUI, pluriel TOUAREG. (*Voir* page 13).

TASSILI. — Plateau pierreux. Synonyme de HAMADA.

THEM. — Fièvre paludéenne particulière aux oasis du Sahara. Le *them* sévit surtout au printemps et à l'automne ; ses manifestations caractéristiques sont les frissons et l'intermittence. Il est pourtant quelquefois rémittent et prend, trop souvent, la forme pernicieuse. On l'attribue au mode d'irrigation des palmiers dont on inonde littéralement le pied, laissant au soleil le soin d'évaporer l'excès d'humidité ; et aussi aux fossés d'eau stagnante et croupie, qui règnent, généralement, autour des ksour bâtis au milieu ou près des oasis.

TIN (féminin de IN). — Celle de..., expression très usitée dans la désignation des lieux : *Tin Bouzid,* celle (la gara) de Bouzid ; *Tin Bouktou,* etc.

TOUBIB. — Médecin.

Z

ZAOUIA (du verbe arabe *Zoua,* vivre à l'écart). — La tra-
duction servile du mot serait *angle, coin.* — La
zaouïa est un établissement religieux qui comporte
généralement une mosquée, une école primaire, une
école secondaire et, plus rarement, une école supérieure. Les jeunes gens qui la fréquentent (*Taleb,*
pluriel *Tolba,* lettrés) ne sont liés par aucun vœu ;
ils se destinent, pour la plupart, à l'enseignement,
aux fonctions religieuses ou à la magistrature.

ZERIBA (pluriel ZERAÏB). — Enclos d'épines sèches où
on parque les troupeaux, la nuit, pour empêcher
leur fuite et les préserver des chacals et des voleurs.
— Par extension, groupe d'habitations formé de
tentes ou de gourbis protégés par un enclos d'épines
sèches.

Depuis 1885, époque à laquelle une trêve avait été conclue entre eux, les Touareg et les Châanbâa vivaient en paix.

Durant l'été de 1887, les Châanbâa el Mouadhi (d'El Goléa) avaient, suivant leur coutume, envoyé leurs chameaux au pâturage à Daïet ed Drina, au nord-est d'El Goléa, près de l'Arig R'anem. Se fiant à l'instinct de ces animaux, qui les ramène d'eux-mêmes au puits de leur maître, quand ils éprouvent le besoin de se désaltérer, ils les y avaient laissés sans gardien, comme ils le font lorsqu'ils ne redoutent aucun coup de main.

Si grande que fût leur quiétude, les Mouadhi n'en avaient pas moins eu la précaution d'entretenir, dans le Sahara, quelques émissaires chargés de les renseigner en cas d'évènement.

Un de ces émissaires, Bou Hafs ben Lakhal, résidant depuis quelque temps à In Salah, arriva à El Goléa, le 6 août 1887, après une marche forcée de 72 heures, et prévint le caïd des Mouadhi qu'un r'azzou, fort d'une quarantaine de mehara et venant de la direction du Hoggar, marchait sur sa tribu.

Le caïd Kaddour ben Belkheir réunit aussitôt tout son monde et se porta sur Mechgarden où il supposait que devait passer l'ennemi. Des *chouafa* (vedettes) furent postés dans toutes les directions et on fit bonne garde.

Mais ces précautions furent déjouées par les Touareg. Ceux-ci, après avoir fait boire au Hassi In Ifel, abandonnèrent le medjbed dont les Mouadhi s'étaient rendus maîtres, se jetèrent en dehors du rayon d'observation des chouafa, puis, passant un peu à l'est, fondirent, dans la matinée du 7, sur les chameaux qui paissaient à Daïet ed Drina et les enlevèrent (1).

Une moitié du r'azzou tourna bride aussitôt, emmenant le butin, tandis que l'autre se mettait en quête de nouvelles prises.

Cependant, le premier groupe avait été aperçu ; les Mouadhi se mirent aussitôt en marche sur le Hassi In Ifel et arrivèrent à ce puits avant leurs adversaires qui, forcément, devaient y repasser pour boire.

Ceux des Touareg qui emmenaient les chameaux r'azzés arrivèrent au puits, le 8 août, avant 7 heures du matin. Ils avaient espéré être rejoints pendant la nuit par leurs compagnons restés en arrière. Cet espoir ayant été déçu, ils dessinèrent une attaque sur le puits, mais, devancés par les Mouadhi, ils durent abandonner les chameaux r'azzés, et s'enfuirent, laissant aux mains de nos gens un prisonnier et le cadavre d'un des leurs.

Le caïd Kaddour ben Belkheir apprit, alors seulement, qu'une partie du r'azzou était restée en arrière ; il l'attendit au Hassi In Ifel où elle arriva le 9 au matin.

Les Touareg se réfugièrent d'abord dans la koubba de Sidi Abd el Hakem, située à peu de distance, mais bientôt, pressés par la soif, ils sortirent un à un et tombèrent successivement au pouvoir de leurs ennemis.

Le 10 août, les Mouadhi reprirent le chemin d'El Goléa, après avoir fusillé huit de leurs prisonniers ; sept autres

---

(1) Voir plus loin (itinéraire n° 5) la marche du r'azzou. Voir aussi, à l'appendice, le récit détaillé de l'affaire.

avaient obtenu la vie sauve et, fait sans précédent (1),
ils furent remis à l'autorité française, après avoir été,
toutefois, dépouillés de tous leurs vêtements.

Ces sept prisonniers sont :

1º Abd es Sellam ould El Hadj R'adi, originaire des
   Chûanbaâ el Mouadhi, mais élevé à In Salah,
   guide du r'azzou ;

2º Kenan ag Tissi, Targui, de la tribu noble des Taïtoq ;

3º Mastan ag Ser'ada,   id.   id.

4º Tachcha ag Ser'ada,   id.   id.
   frère du précédent ;

5º Amoumen ag R'ebelli,   id.   id.

6º Chikkadh ag R'ali, Targui, de la tribu d'Imrad des
   Kel Ahnet ;

7º Aggour ag Chikkadh, Targui, de la tribu d'Imrad
   des Kel Ahnet.

Après avoir été retenus, pendant quelque temps, à
Ghardaïa, ils furent conduits à Alger et internés au fort
Bab-Azoun où nous reçûmes, de M. le Général commandant la Division, mission d'aller les interroger, à l'effet
d'obtenir d'eux le plus possible de renseignements sur
leur pays.

Bien que, depuis le commencement de leur captivité,
ils eussent été traités avec beaucoup d'égards et qu'ils
s'en montrassent reconnaissants, les fatigues d'une
longue route, l'état maladif de deux d'entre eux qui
durent entrer à l'hôpital, l'incertitude du sort qui les
attendait et, par dessus tout, la réserve qu'inspirent

_____

(1) Jusqu'ici, la capture de prisonniers amenait des pourparlers
entre les tribus intéressées ; on profitait de la circonstance pour
régler, sans notre intervention, d'anciens comptes, souvent même on
partageait la r'azzia, après quoi les prisonniers étaient mis en liberté
et les hostilités cessaient pour quelque temps.

toujours aux Indigènes des visages nouveaux, toutes ces causes réunies les tenaient en méfiance, et il nous fallut plusieurs entrevues avec eux pour « *rompre la glace.* »

Les renseignements qu'ils nous donnèrent étaient d'abord vagues, incomplets, confus surtout. Mais, peu à peu, le travail que nous faisions ensemble parut les intéresser ; non seulement ils répondirent à toutes nos questions, mais bien souvent ils appelèrent notre attention sur des détails qui nous échappaient.

Ces renseignements sont-ils exacts ? Une exploration du pays pourrait seule permettre de répondre. Tout ce que nous pouvons dire, c'est qu'ils paraissent avoir été donnés de bonne foi. Mais si, d'une part, la position sociale, l'intelligence de leurs auteurs semblent leur donner une valeur réelle ; d'autre part, certaines considérations peuvent y avoir introduit des réticences et même des inexactitudes.

Quelques détails à cet égard nous paraissent nécessaires.

Nous avons parlé de la position sociale et de l'intelligence de nos prisonniers ; voici ce qu'en dit M. le major Deporter, commandant supérieur du cercle de Ghardaïa :

« ABD ES SELLAM OULD EL HADJ R'ADI est âgé de 18 ans à
» peine. Bien que né à El Goléa, de parents originaires des Châanbâa
» El Mouadhi, il est, pour ainsi dire, étranger à cette tribu qu'il a
» quittée, pour n'y plus reparaître, à l'âge d'un an. Son père, El Hadj
» R'adi ben El Habib, quitta El Goléa en 1871, pour aller se fixer
» dans la région d'In Salah ; il habitait, pendant l'été, le ksar Djedid (1),
» et, en hiver, il suivait dans leurs migrations certains groupes des
» Ouled Ba Hammou ou des Zoua, qui mènent la vie nomade dans
» l'Oued Irès Mellen, la région du Tadmaït, l'Oued Sidi Moussa et,
» en général, dans le pays qui s'étend, au sud-est d'In Salah, entre
» cette oasis et les terres de parcours des Touareg. Depuis un certain
» nombre d'années, El Hadj R'adi vit, tantôt au milieu des Touareg,
» tantôt à In Salah et dans les environs. Il sert de convoyeur et fait
» le commerce entre ces deux points. Abd es Sellam a toujours suivi

_____

(1) Un des ksour d'In Salah.

» son père dans ses voyages. Bien que très jeune, il a déjà pris part
» à plusieurs coups de main dirigés dans tous les sens. En 1883 (il
» avait treize ans), il faisait partie d'un groupe de trois mehara qui
» vint enlever aux Mouadhi, au Hassi In Ifel, quatorze chamelles,
» bientôt reprises d'ailleurs par leurs propriétaires. Il connaît parfai-
» tement le Sahara et le Djebel Hoggar (1); il a accompagné son
» père à R'adamès, et de là à Tripoli (2). C'est un jeune homme intel-
» ligent et déterminé, élevé dans la vie de courses et d'aventures, et
» prêt à tout faire. Il a servi de guide au r'azzou qui a opéré, le
» 7 août 1887, à Daïet ed Drina. Il parle couramment les langues
» arabe et tamahaq. »

« KENAN AG TISSI est âgé d'environ 28 ans ; il est marié depuis
» peu et n'a pas d'enfant. Il appartient à la tribu noble des Taïtoq et
» est issu de la famille qui détient aujourd'hui le pouvoir. Son père,
» Tissi ag Amar el Kha, était fils de l'Amr'ar (chef) de la confédé-
» ration, et allié, par les femmes, à El Hadj Ahmed ag Él Bekri,
» prédécesseur d'Aïtar'el (Ahitaghel) dans le commandement des
» Hoggar.
» Kenan est le petit-neveu, *par les femmes* (3), d'Ibrahim ag Ah-
» madou, amr'ar « *honoraire* », et le neveu, également par les
» femmes, de Sidi Mohammed ould Guerradji ben Biska, chef
» effectif de la confédération. Il vit en compagnie des sœurs de son
» père et de plusieurs autres membres de sa famille. Il possède 15
» chameaux, plusieurs centaines de moutons et de chèvres, et environ
» 300 palmiers à Silet.
» Kenan ag Tissi ne parle que la langue tamahaq. »

« MASTAN AG SER'ADA, de la tribu noble des Taïtoq, est âgé
» d'environ 23 ans ; il est le fils de la sœur de Brahim ag Ahmadou.
» Son père, Ser'ada ag Maddour, dans la tente de qui il vit encore,
» est un vieillard qui jouit, chez les Taïtoq, d'une grande considéra-
» tion ; il possède quelques chameaux et 200 palmiers à Silet. »

« TACHCHA AG SER'ADA est le frère de Mastan, il est âgé
» d'environ 19 ans.
» Les deux frères sont célibataires ; ils ne parlent que la langue
» tamahaq. »

---

(1) Ainsi qu'on le verra plus loin, il y a là une erreur de fait ; le
pays qu'habitent nos prisonniers ne fait pas partie du Hoggar, où
Abd es Sellam n'a pas pénétré au-delà de Tit, à une journée de
marche au N.-E. de Belessa.

(2) Abd es Sellam n'a pas pu nous donner l'itinéraire de ce voyage,
qu'il a accompli étant encore enfant (en 1883) et dont il n'a gardé
qu'un souvenir indécis.

(3) On verra, plus loin, l'importance de ce détail.

« AMOUMEN AG R'EBELLI, âgé d'environ 24 ans, est célibataire ;
» il appartient à la tribu noble des Taïtoq ; il est le fils de la sœur du
» marabout Mohammed ag Seddik. Son père, R'ebelli ag Bougouam,
» fait prisonnier le 9 août 1887, au Hassi In Ifel, a été fusillé par les
» Mouadhi.
» Amoumen ne parle que la langue tamahaq. »

« CHIKKADH AG R'ALI appartient à la tribu des Kel Ahnet
» (imrad des Taïtoq). C'est un homme d'une trentaine d'années, marié
» et père de deux enfants en bas-âge. Il possède 15 chameaux, une
» centaine de moutons et de chèvres, et dix palmiers à Silet. C'est
» un des hommes les plus considérés de sa tribu ; il est d'une remar-
» quable intelligence, parle la langue tamahaq et assez bien l'arabe. »

« AGGOUR AG CHIKKADH a 17 ans à peine, et a déjà fait trois
» expéditions dans l'Adr'ar', contre les Ouelimmiden. Son père, Chik-
» kadh ag Mouley, est le chef d'une bonne famille d'imrad des Kel
» Ahnet ; il possède 60 chameaux, plusieurs troupeaux de moutons
» et de chèvres, et 60 palmiers à Silet. »
» Aggour ag Chikkadh ne parle que la langue tamahaq. »

Tous ces hommes sont jeunes, vigoureux, intelligents ;
ils connaissent bien leur pays et la plupart des routes
qui en rayonnent ; leurs indications pourraient donc
inspirer toute confiance, s'ils n'avaient aucun intérêt à
nous induire en erreur.

Il n'en est pas tout-à-fait ainsi. Depuis le massacre du
lieutenant-colonel Flatters et de ses compagnons, les
Touareg ne sont pas sans inquiétude ; ils appréhendent
de nous voir, tôt ou tard, leur demander compte du sang
versé, et ils n'ignorent pas que, si cette éventualité
venait à se produire, la plus lourde part de responsabi-
lité pèserait sur les Hoggar qui furent, sinon les seuls,
au moins les principaux coupables.

Aussi, dès leurs premiers interrogatoires, nos prisonniers eurent-ils soin de se dégager de toute solidarité
avec cette confédération à laquelle, disent-ils, ils sont
aussi étrangers politiquement que géographiquement,
ce qui est fort douteux, puisque leur chef, Sidi Mohammed ould Guerradji ben Biska, est parent d'Ahitaghel,
chef des Hoggar.

Que, personnellement, nos prisonniers n'aient pas pris

part au massacre de la mission, cela paraît probable : deux d'entre eux seulement, Kenan et Chikkadh, étaient des hommes faits au commencement de 1881. Chikkadh était, nous a-t-il dit, au Soudan, lors du fatal événement que nous rappelons ; quant à Kenan, il faisait partie, à la même époque, sous les ordres de son père, Tissi ag Amar el Kha, d'une harka dirigée contre les Ouelimmiden de l'Adr'ar' qui avaient, précédemment, r'azzé des chameaux aux Taïtoq. Rien ne donne à supposer que ces allégations soient mensongères ; tout au contraire, celles de Kenan se trouvent confirmées par un document bien antérieur en date à l'affaire du Hassi In' Ifel : c'est la déposition faite, en septembre 1881, au Bureau Arabe de Laghouat, par Cheikh ben Bou Djemâa, l'un des cavaliers des Châanbâa Bou Rouba employés par le lieutenant-colonel Flatters ; la voici textuellement :

« ..... Il (le r'azzou qui a massacré la mission) était composé de » Touareg Hoggar dont toutes les fractions avaient fourni des contin-» gents, *sauf cependant les Taïtoq* qui, ayant été, r'azzés par les » gens d'Ajir, quelque temps auparavant, étaient partis pour reprendre » leurs chameaux et n'avaient pu assister à cette affaire (1)...... »

Sauf le nom de la tribu contre laquelle l'expédition était dirigée, détail ici sans importance, c'est bien là la déclaration de Kenan.

Mais la tribu tout entière des Taïtoq est-elle restée aussi étrangère au massacre que le dit Cheikh ben Bou Djemâa, témoin d'ailleurs fort suspect ? Rien n'est moins certain.

On lit, en effet (2), dans une lettre écrite par Moham-med el Kebir Ben Moussa, de R'adamès, à El Hadj Tahar Basidi et transmise, par celui-ci, à notre consul général à Tripoli de Barbarie :

---

(1) *Deuxième mission Flatters.* Publication du Gouvernement général de l'Algérie (Alger, 1882. A. Jourdan, édit.), page 225.

(2) *Deuxième mission Flatters*, page 159.

« Younès le Maghassati vient d'arriver du Hoggar : il nous a appris
» que la colonne venue de chez les Français *a été massacrée par les*
» *Taïtoukets.....* »

Voici qui est plus grave : c'est une lettre écrite, en
janvier 1888, par Sidi Mohammed dit Ben Guerradji, chef
des Taïtoq, à Ahmed ben Lakhal, le Châanbi qui est
venu, d'In Salah, prévenir le caïd d'El Goléa qu'un r'azzou
menaçait les Mouadhi :

« Louanges à Dieu seul !

» Que Dieu répande ses bénédictions sur Notre Seigneur Moham-
» med et sur sa famille !

» De la part de l'objet de la bénédiction divine, Sidi ben Mohammed,
» dit Ben Guerradji, à notre plus grand ennemi, Ahmed ben Lakhal,
» et à son frère Mansour.

» Que Dieu te récompense de ce que tu as fait à mes enfants : Tu
» les as vendus aux Chrétiens comme des esclaves. Les nobles
» meurent par la poudre ; depuis leurs ancêtres, les Arabes s'entre-
» tuent, mais on n'a jamais vu *vendre des hommes comme des noirs.*

» Aujourd'hui, j'en fais le serment répété, au nom de Dieu, à
» quelque époque que ce soit, de même que tu as reçu, des mains
» des Chrétiens, le prix de mes enfants, de même je toucherai ton
» prix et celui de tes frères et de tes enfants. Tu as vendu les miens
» aux Chrétiens ; moi, *je te vendrai aux nègres du Soudan.*

» Je n'ai qu'une chose à te dire : CHERCHE UN PAYS OU TU PUISSES
» ÉCHAPPER AUX HOGGAR (1).

» Je suis de noble race et je n'agis en traître ni envers toi, ni
» envers d'autres.

» Quant aux Chrétiens, nous ne leur devons que des remercîments.
» NOUS LES AVONS MASSACRÉS, ET ILS PEUVENT NOUS REPROCHER LE
» MAL QUE NOUS LEUR AVONS FAIT. Cependant ils ne nous l'ont pas
» rendu, et, comme nous l'avons appris, ils n'ont fait que du bien aux
» nôtres.

» Enfin, Ahmed ben Lakhal, il te faut être homme. Tu sais que le
» prix d'une blessure se poursuit pendant quarante ans. Trouveras-tu
» un pays où tu puisses habiter et te dérober à ma vengeance ?

» L'argent que tu as reçu des Chrétiens t'interdit, désormais, l'accès
» de la région d'In Salah, l'Aouguerout, le Touat, El Henna, et le
» séjour de ton pays, El Goléa.

» Aujourd'hui prends ton courage. Tu t'es attiré cette affaire en
» vendant des nobles aux Chrétiens.

» Salut. »

---

(1) Nous avions pensé d'abord que Sidi ould Guerradji avait pu
vouloir dire : « *Cherche un pays où tu puisses échapper aux nobles*
(Ihaggaren) ». Mais le texte arabe (la lettre est écrite en cette langue)
ne permet pas cette interprétation.

A n'en considérer que le texte, cette lettre contiendrait un aveu absolu :

« .... NOUS LES AVONS MASSACRÉS (les Chrétiens) ET ILS
» PEUVENT NOUS REPROCHER LE MAL QUE NOUS LEUR
» AVONS FAIT.... »

Mais on peut admettre que, dans l'esprit de son auteur, opposant à la félonie d'un Musulman la générosité des Français, le mot « *nous* » ait eu un sens plus étendu et doive s'entendre des Touareg en général, et non de telle ou telle confédération en particulier.

Quant à la menace : « .... CHERCHE UN PAYS OU TU
» PUISSES ÉCHAPPER AUX HOGGAR.... », elle peut être prise au pied de la lettre, comme aussi n'être qu'une de ces formules emphatiques dont les Musulmans sont si prodigues. Sidi Mohammed ould Guerradji, originaire du Hoggar, neveu d'Ahitaghel, oncle de l'un de nos prisonniers (Kenan), cousin par alliance de deux autres (Mastan et Tachcha), affecte de ne pas douter de l'appui des Hoggar ; jusqu'ici rien ne prouve qu'il lui soit acquis (1).

Parlant du massacre de la 2e mission Flatters, Chikkadh ag R'ali nous a fait cette réflexion : « *Pourquoi le*
» *Colonel n'est-il pas passé par le pays des Azgueur ?*
» *ce sont des gens nobles, il ne lui serait rien arrivé,*
» *pas plus que s'il était passé par notre pays.* »

Il est assez curieux de voir se reproduire ici cette opinion que nous trouvons exprimée, à plusieurs reprises, en partie du moins, dans les documents qui ont fourni la matière du volume intitulé : « *Deuxième mission Flatters* », que nous avons déjà cité.

---

(1) Les rapports officiels, parvenus pendant l'impression, au mois de juin 1888, établissent que Sidi Mohammed ould Guerradji, qui avait sollicité l'appui des Hoggar, avait complètement échoué dans ses démarches, au moins jusqu'à cette date.

C'est d'abord (page 61) le nègre esclave d'Abd el Hakem, cheikh des Ifoghas, qui, revenant d'In Salah et rencontré par le Colonel, le 9 janvier 1881, le prévient qu'Ahitaghel, chef des Hoggar, est fort mal disposé, et qui le supplie de marcher à l'Est, sur le territoire des Azgueur;

C'est (pages 179 et 180) le Lᵗ-Colonel Flatters lui-même qui, dans son journal de route, à la date du 25 janvier 1881, insiste sur les bonnes dispositions des Azgueur et, en particulier, de leur chef Ikhenoukhen ;

C'est enfin (page 170) une lettre de Si Abd el Hakem, cheikh des Ifoghas, au Commandant Supérieur de Laghouat. Le cheikh rapporte ce propos d'Ikhenoukhen : « *Si le colonel passe par les Azgueur et qu'il vienne* » *nous trouver, il n'aura que du bien, et s'il fait autre* » *chose, nous ne commanderons pas sur la route du* » *Hoggar...* » *;* et il ajoute, lui-même : » *S'il* (le Colonel) » *avait écouté nos conseils, il ne lui serait rien arrivé* » *de mal....* »

Que les Taïtoq aient, ou non, trempé dans le drame de Bir el R'rama, ils ont, en résumé, tout intérêt à séparer leur cause de celle des Hoggar, et, bien que nos prisonniers aient paru, nous le répétons, nous donner avec une entière bonne foi les renseignements que nous allons résumer, nous croyons devoir faire les plus expresses réserves, pour tout ce qui se rapporte à ce côté de la question.

Le pays des Touareg de l'Ouest n'a jamais été exploré ; le peu qu'on en connaît provient de renseignements fournis, aux grands voyageurs du Sahara, par les Indigènes des tribus voisines, et qui ne sont pas toujours d'accord avec ceux qui nous ont été donnés. Nous n'avions donc aucun moyen de contrôle certain, et les notes qui vont suivre ne sont que la reproduction fidèle des récits de nos prisonniers. Elles ne sont et ne peuvent être que des documents embryonnaires, des jalons plantés sur une route encore à faire et dont des études plus approfondies pourront, seules, déterminer le tracé définitif.

Alger, 19 avril 1888.

H. BISSUÈL.

LES TOUAREG DE L'OUEST

I

Les Touareg de l'Ouest

« Sous le nom de Touareg, nom d'origine arabe et adopté par les
» Européens, quoiqu'il soit repoussé par ceux auxquels il s'applique,
» on comprend », dit M. Duveyrier (1), « quatre grandes divisions
» politiques correspondant à quatre grandes divisions territoriales,
» savoir :

» La confédération des Azdjer, ou Kel Azdjer, au Nord-Est, avec
» le plateau du Tassili du Nord et dépendances, pour patrie ;

» La confédération des Ahaggâr, ou Kel Ahaggâr, au Nord-Ouest,
» dans le mont Ahaggâr ou Hoggâr des Arabes ;

» La confédération d'Aïr, ou Kel Aïr, plus généralement connue
» sous le nom de Kel Ouï, au Sud-Est, dans le massif d'Aïr, égale-
» ment appelé Azben ;

» La confédération des Aouelimmiden, au Sud-Ouest, dont le terri-
» toire comprend une région montagneuse, l'Adghagh, et une partie
» plane, l'Ahaouagh.

» Les Azdjer et les Ahaggâr constituent les Touareg du Nord,
» comme les Aïr et les Aouelimmiden ceux du Sud. »

A ces quatre grandes divisions politiques, il convient
d'en ajouter une cinquième : L'AR'RERF AHNET. Les
principales tribus de cette confédération vivent dans la
région de l'Adrar Ahnet, région indiquée, sur les cartes
existantes, sous le nom de Baten Ahnet et imparfai-

---

(1) Henri Duveyrier, *Les Touareg du Nord* (Paris, 1864. Challamel
aîné, éd.), page 1.

tement représentée, à l'Ouest du Hoggar, par deux plateaux orientés N.-O., S.-E.

C'est à des tribus de cette confédération qu'appartiennent nos prisonniers ; ces tribus, pour continuer la classification de l'éminent voyageur, constituent LES TOUAREG DE L'OUEST.

II

L'Ar'rerf Ahnet

Les Touareg de l'Ouest forment une confédération (Ar'rerf) complétement indépendante, aussi bien de celles des Hoggar et des Azgueur, que de celles d'Aïr et des Ouelimmiden (1), et qui porte le nom d'une montagne de forme bizarre, l'ADRAR AHNET, située à l'ouest du Hoggar dont la sépare une distance d'environ 200 kilomètres.

L'Ar'rerf Ahnet comprend :

1° Deux tribus nobles qui campent habituellement dans la région de l'Adrar Ahnet, savoir :

Les TAÏTOQ, c'est la tribu la plus puissante de la confédération à laquelle elle donne parfois son nom ;
Les TEDJÉHÉ N OU SIDI ;

2° Une tribu d'iradjenaten (sang mêlé) : les IRECH-CHOUMEN (2), descendants d'un père Taïtoq (noble) et d'une mère des Kel Ahnet (serve), tribu qui campe également dans la région de l'Adrar Ahnet ;

---

(1) Pour tous les mots et noms propres en langue tamahaq que nous aurons à citer au cours de cette étude, nous adopterons une orthographe reproduisant, aussi exactement que possible, la prononciation des Touareg de l'ouest, prononciation qui diffère, parfois, de celle des gens des autres confédérations.

(2) Cette tribu figure, à tort, sur certaines cartes, dans le massif du Hoggar dont elle ne fait pas partie.

3° Quatre tribus d'imrad (serfs), savoir :

Les KEL AHNET, imrad des Taïtoq ;

Les TEDJÉHÉ NEFISS, imrad des Tedjéhé n ou Sidi ;

Ces deux tribus vivent dans la région de l'Adrar Ahnet, mêlées aux tribus nobles dont elles relèvent ;

Les IKERRAMOUÏEN (1), imrad des Taïtoq ;

Les ISSOKENATEN, imrad des Tedjéhé n ou Sidi ;

Ces deux tribus campent à Talak, à quatre journées de marche à l'ouest, et à peu près à hauteur de l'Aïr, et à la même distance N. O. d'Agadès ;

4° Deux tribus Arabes agrégés :

Les SEKAKNA ;

Les MAZIL ;

Ces tribus, nomades, campent à Akabli pendant l'automne, et habitent la région de l'Adrar Ahnet pendant le reste de l'année, quand elles ne voyagent pas entre Akabli et Tin Bouktou.

5° Douze tribus alliées (2), savoir :

Les FERGOUMESSEN, nobles, habitant au N. de l'Adr'ar'.

_____

(1) Ne pas confondre ces Ikerramouïen avec une tribu noble des Azgueur qui porte le même nom.

(2) La fraction des Ikotissen (des Issakamaren) figure, dans certains documents, au nombre des alliés de la confédération ; d'après nos prisonniers, ce serait une erreur. « Les Ikotissen sont chez eux, et nous chez nous » disent-ils. Ils affirment qu'il n'y a, entre eux, aucune alliance, aucun lien d'amitié.

Toujours d'après nos prisonniers, les Ikotissen constitueraient une petite fraction des Azgueur ; ils n'auraient rien de commun avec les Issakamaren. Ceux-ci feraient partie du Hoggar ; ce seraient « des imrad d'Ahitaghel ; » leurs campements seraient établis au pied du versant N. E. du Djebel Hoggar et s'étendraient dans toute la région comprise entre ce massif montagneux et le pays des Azgueur. — Ce dernier renseignement n'est pas en contradiction avec ce que M. Duveyrier dit de cette tribu. (*Les Touareg du Nord*, page 377).

Les TAR'AT MELLET,   id.   \
Les DEGUET TAOUDJI,   id. |
Les ADDÈS,   id. |
Les KEL BOU DJBÉA,   id.   } habitant l'Adr'ar'.
Les KILI N TEBELLIA, marabouts |
Les REGAGUELA,   id. |
Les IMEKALKALEM, imrad   /

Les KEL AROUAN, nobles, habitant à 3 journées de marche au N. de Tin Bouktou.

Les TAJAKANT,   id.   } habitant le Ksar
Les ARIB,   id.   }   Taoudenni et les
Les KEL TAOUDENNI,   id.   )   environs.

Nos prisonniers n'ont pu, ou voulu, nous donner aucun renseignement sur le nombre des tentes que comportent ces diverses tribus. On croit savoir, cependant, que les Taïtoq comptent environ 80 tentes, les Kel Ahnet environ 200, les Irechchoumen 7 seulement, et que le Ksar Taoudenni a une population d'environ 4,000 âmes.

III

Nobles — Serfs — Alliés — Esclaves

On a vu, par l'énumération qui précède, que les tribus qui composent l'Ar'rerf Ahnet appartiennent à diverses castes.

Nous ne dirons rien des Marabouts, si ce n'est que leur situation et leur rôle, dans la société targuie, sont les mêmes que dans tous les pays musulmans.

NOBLES. — Les nobles se nomment *Ihaggaren* (au singulier masculin *Ahaggar,* au singulier féminin *tahaggart) ;* ils constituent la classe dirigeante de la confédération.

SERFS. — Les serfs sont désignés sous le nom d'*Imrad* (au singulier masculin *amrid,* au singulier féminin *tamrit*); leur situation inférieure est née de leur faiblesse : des tribus trop pauvres ou trop nombreuses pour résister aux attaques incessantes de voisins puissants et sans scrupule, se sont inféodées à l'un de ces voisins qui les protège contre les autres.

Le servage est d'ailleurs assez doux : l'amrid doit la ghefara (redevance) et la corvée, mais, à l'inverse de ce qui se passe chez les Hoggar et chez les Azgueur, il ne les doit qu'à l'ensemble de la tribu noble dont il relève ; chacun est libre individuellement, aucun amrid ne dépend spécialement d'un seigneur.

La ghefara est versée entre les mains d'un Kebir des imrad, chez lequel deux Kebar de la tribu noble viennent en prendre livraison, pour en faire la remise au chef de la confédération.

L'amrid est donc, chez les Touareg de l'Ouest, plutôt un vassal qu'un serf.

La ghefara varie selon les tribus ; celle des Kel Ahnet est fixée ainsi qu'il suit :

Quand ils rentrent de l'Aoulef, où ils vont s'approvisionner chaque année, chacune de leurs tentes est tenue de donner un mezoued de dattes ;

Si, pour une cause quelconque, la caravane annuelle n'a pu partir, cette redevance est remplacée, pour l'ensemble de la tribu, par 12 chameaux ou par 10 esclaves (nègres ou négresses).

Avec le temps, la distance qui séparait Ihaggaren et Imrad s'est amoindrie ; les Kel Ahnet et les Tedjéhé Nefiss vivent, avec leurs seigneurs, Taïtoq et Tedjéhé n ou Sidi, sur le pied d'une égalité relative, et il n'est pas très rare de voir se nouer, par le mariage, des liens entre familles des deux castes.

Les enfants issus de ces mariages appartiennent, contrairement à nos usages, à la caste de leur mère : « *Le ventre teint l'enfant.* »

Si la mère est noble, le père fût-il amrid, les enfants sont nobles ; néanmoins, ceux-ci font suivre leur nom de celui de leur père auquel ils ajoutent, quelquefois, celui de leur mère.

IRADJENATEN. — Si, au contraire, la mère est tamrit, le père fût-il noble, les enfants seraient imrad, si la coutume ne leur avait fait une situation particulière : ils sont *Iradjenaten* et, comme tels, dispensés de toute redevance. C'est le cas de la petite tribu des Irechchoumen.

M. Duveyrier, dans son magnifique ouvrage *Les Touareg du Nord,* fait allusion à cette coutume, mais il

ajoute : « … *On en cite quelques rares exemples* (1) ».
Chez les Touareg de l'Ouest, au contraire, c'est une règle
invariable.

Ce n'est pas le seul avantage que les imrad de l'Ar'rerf
Ahnet aient, à les en croire, sur ceux des autres confédérations ; ils sont admis à la djemàa, avec voix consultative en temps ordinaire ; ils ont voix délibérative,
lorsqu'il s'agit de l'élection de l'amr'ar (chef de la confédération) ; toutefois, s'ils sont électeurs, ils ne sont pas
éligibles. Cette disposition est commune aux Imrad et
aux Iradjenaten.

Il y a même des circonstances où le noble s'efface
devant l'amrid : ainsi l'expédition de Daïet ed Drina a été
commandée par un amrid, alors que plusieurs nobles,
entre autres le neveu du chef de la confédération, étaient
dans le rang (2).

ALLIÉS. — Les tribus alliées ou, plus exactement,
protégées n'ont pas à intervenir dans les affaires de la
confédération ; elles ont leur organisation intérieure
propre, qu'elles règlent comme elles l'entendent, mais
elles ont droit à la protection effective des tribus auxquelles elles se sont inféodées, protection qu'elles paient
en versant, chaque année, une ghefara déterminée.

ESCLAVES. — Les gens de l'Ar'rerf Ahnet, nobles
ou imrad, ont tous des esclaves nègres. « *Il n'y a*
» *pas, dans toute la confédération, plus de cinq ou six*
» *familles assez pauvres pour n'avoir pas au moins une*

---

(1) *Les Touareg du Nord*, page 338. — M. Duveyrier, qui a parcouru
surtout le pays des Azgueur, prend soin de déclarer que ses renseignements se rapportent surtout à cette confédération et à celle des
Hoggar (page 317). Il n'y a donc rien de surprenant dans les diver-
gences qu'on remarquera, au cours de cette étude, entre le langage,
les mœurs et les coutumes des Azgueur et des Hoggar d'une part,
et ceux des Touareg de l'Ouest de l'autre.

(2) Voir l'appendice.

» *négresse.* » Ils les traitent avec la plus grande douceur.

Les esclaves se vendent à Tin Bouktou ; ils viennent surtout de *Sersendi* (Sansandiz ?), de *Ségou, Farako, Ouogodogho, Sokoto.*

Une belle négresse, un nègre jeune et robuste se paient de deux mehara ; quand la négresse est laide, le nègre âgé ou faible, leur prix équivaut à celui d'un mehari.

Les enfants s'échangent, suivant leur âge et leur conformation, contre des marchandises (blé, bechena, dattes, etc...)

Pour se procurer des esclaves, les gens de l'Ahnet envoient un des leurs à Tin Bouktou et lui confient les mehara qui doivent servir au paiement. Le commissionnaire revient avec sa marchandise humaine. Les esclaves ainsi achetés ne sont jamais revendus, si ce n'est entre gens de la confédération.

Les gens d'In Salah, au contraire, font un véritable commerce d'esclaves. Ils vont, en caravane, les acheter à Tin Bouktou, les ramènent et vont les revendre au Gourara ou ailleurs ; ce sont, en quelque sorte, des transitaires.

Les négresses esclaves sont, de par la loi, soumises au « *droit du Seigneur* », mais il est fort rare que leur maître use de ses privilèges ; « *ce serait honteux* (1). »

Les esclaves des deux sexes peuvent être affranchis, mais seulement si leur âge et leurs forces physiques leur permettent de gagner leur vie : un enfant, un vieillard, un impotent ne peuvent l'être.

L'esclave affranchi est libre de rester dans le pays, s'il peut y trouver des moyens d'existence, ou de le quitter et d'aller où bon lui semble.

---

(1) D'après M. Duveyrier, les Azgueur et les Haggar ont moins de scrupules. (*Les Touareg du Nord*, page 339).

IV

Organisation politique

La confédération de l'Ahnet n'a qu'un seul chef, qui porte le titre d'AMR'AR ; il est nommé à l'élection directe par le peuple, et, comme on l'a vu déjà, les imrad prennent part au vote.

Rien ne s'oppose à ce que le pouvoir se perpétue dans la même famille, c'est même ce qui a lieu ordinairement, et, dans ce cas, le successeur légitime de l'Amr'ar' défunt ou démissionnaire est son frère *utérin* ou, à défaut, le fils de sa sœur aînée. Mais il faut que cet héritier soit accepté par le peuple qui peut toujours, si l'amr'ar' vient à démériter, ou si l'intérêt de la confédération l'exige, se donner le chef de son choix.

L'Amr'ar' est assisté d'une djemâa où nobles et imrad sont représentés, ceux-ci avec voix consultative seulement.

La confédération ne comporte aucun fractionnement (1); il n'y a pas de petits chefs locaux, rien qui rappelle les

_____

(1) C'est donc par erreur que certains renseignements représentent, comme des groupes formant fractions, les Kel In lhahou, Kel Acedjradh, Kel Souf Mellel, Kel amdja, etc. Le mot *Kel* signifie *gens de ;* In Ihahou, Acedjradh, Souf Mellel, Amdja, etc. sont les points de la région de l'Ahnet où campent, habituellement, des groupes des diverses tribus de la confédération, groupes d'ailleurs très mélangés. C'est dans l'Acedjradh que viennent planter leurs tentes les Sekakna et les Mazil, quand ils abandonnent la région d'Akabli. — Les campements n'ont, du reste, rien de fixe ; comme les Arabes, les Touareg de l'Ouest se déplacent aussi souvent que l'exigent les besoins de leurs troupeaux.

chioukh arabes : « *Une tête vaut mieux que cent.* » — Il
ne faut peut-être pas chercher ailleurs la cause de l'accord parfait qui règne entre les gens de l'Ar'rerf Ahnet.
Aucun soff ne les divise.

Ce qui précède ne s'applique qu'aux tribus qui vivent
groupées dans la région de l'Adrar Ahnet, c'est-à-dire
aux Taïtoq, Tedjéhé n ou sidi, Irechchoumen, Kel Ahnet
et Tedjéhé Nefiss.

Les Ikerramouïen et Issokenaten, qui sont des tribus
d'imr'ad, n'ont, malgré leur éloignement, que des Kebar
de djemâa.

Les tribus des Sekakna et Mazil (arabes agrégés) ont
chacune un chef particulier qui porte le titre de Kebir et
que les arabes appellent amr'ar ; l'état de nomadisme de
ces tribus explique cette dérogation à la règle commune.

Le Kebir actuel des Sekakna se nomme R'li ould
Mohammed, celui des Mazil, Ahmed ould el Kikhel.

Les Sekakna et Mazil sont, pour traduire l'expression
pittoresque de nos prisonniers (*Kif el Karossa, comme
la voiture* [*publique*]), les caravaniers de la confédération.

Constamment sur la route qui relie Akabli à Tin
Bouktou, ils importent dans la région de l'Ahnet les
produits des oasis du Tidikelt, du Gourara, du Touat, de
l'Aouguerout, comme aussi ceux du Soudan, et reçoivent,
en échange, les bestiaux dont ils tirent eux-mêmes pro-
fit dans les deux directions.

Ils paient, aux gens de l'Ar'rerf Ahnet, une ghefara
qui leur confère le droit de venir camper au milieu d'eux
et d'assurer ainsi aide et protection à leurs femmes, à
leurs enfants et à leurs biens, pendant leurs intermi-
nables voyages.

Cette ghefara est fort modique : elle se borne à quelques
mesures de dattes et à quelques vêtements ou tissus ;
elle a beaucoup plus pour but d'établir que les Sekakna
et Mazil ne sont pas chez eux dans l'Adrar Ahnet, que

de grossir les revenus de la confédération qui, certainement, aurait quelque peine à se passer des services que
lui rendent ces nomades.

Quant aux tribus alliées, elles ont, ainsi qu'on l'a vu,
chacune son organisation particulière, sur laquelle il n'a
pu nous être donné aucun renseignement.

V

Organisation judiciaire

« Les Touareg, **dit M. Duveyrier** (1), n'ont pas de kadhi dans
» leurs tribus, et on n'a recours à ceux de Rât, de R'adamès et d'In
» Salah, que très exceptionnellement. »

Les gens de l'Ar'rerf Ahnet reconnaissent deux juri-
dictions, selon qu'il s'agit d'affaires criminelles ou de
questions litigieuses.

En matière criminelle, la législation est des plus
simples, c'est la loi du talion : « *Œil pour œil, dent pour
dent* ». L'homme volé, blessé, se fait justice lui-même ;
la famille de l'homme tué venge sa mort ; c'est là le droit
commun et il n'est pas besoin, pour en user, d'y être
autorisé par un jugement quelconque. Parfois, cependant, quand les représailles à exercer menacent un
homme ou une famille que l'intérêt général commande
de ménager, quand on peut craindre qu'un crime n'en-
traîne la guerre civile, etc..., la cause est portée devant
la djemâa présidée par l'Amr'ar' ; mais ce n'est là, en
somme, qu'une simple formalité : la peine que prononce
la djemâa est toujours celle du talion, ainsi le veut la
coutume *(ada)*.

S'il s'agit de méfaits contre l'ordre public, méfaits que
commettent, dans toute société, les vauriens sur lesquels
le mal exerce comme un irrésistible attrait, la djemâa
prononce l'amende, ou la bastonnade pendant laquelle
le patient a les membres ligottés.

---

(1) *Les Touareg du Nord*, page 427.

L'emprisonnement, la peine de mort sont choses inconnues.

En matière litigieuse, la justice est rendue par un magistrat analogue au cadi des Arabes et qui porte le titre d'ALEM.

De même que l'Amr'ar, l'Alem est nommé à l'élection, et à la suite d'une sorte d'examen, écrit et oral, qu'il subit devant la djemâa et les savants de la confédération.

Il n'y a qu'un seul Alem pour toutes les tribus qui vivent dans la région de l'Adrar Ahnet; il se transporte sur les lieux où sa présence est nécessaire. Il est assisté, dans chaque affaire, d'arbitres désignés à raison de deux par chacune des parties adverses; l'Alem rend le jugement après avoir entendu les témoins et pris l'avis de ses assesseurs improvisés dont le rôle cesse aussitôt.

L'Alem actuellement en fonctions est un marabout nommé *Ben Ketta ag Ibrahim,* dont nous reparlerons plus loin.

VI

Culte — Ordres religieux — Zaouïa — Superstitions

CULTE. — Les Touareg de l'Ouest appartiennent, sans exception, à la religion musulmane et suivent le rite malékite. Sans être fanatiques, ils se conforment aux prescriptions du Koran, et nous avons vu nos prisonniers, chaque fois que notre service nous a amené auprès d'eux, faire leurs prières aux heures réglementaires.

Ils usent de la latitude, laissée par le Prophète, de substituer le sable à l'eau, quand celle-ci manque pour les ablutions. Mais, contrairement à l'étrange et peu engageante coutume prétendue hygiénique des Touareg du Nord, ils se lavent, non seulement le visage et les mains, mais aussi le reste du corps ; ils sont persuadés, et avec raison, que le contact de l'eau n'enlève, à leur épiderme, rien de cette insensibilité qui leur permet d'affronter, sans en souffrir, des températures invraisemblables pour un Européen.

Conformément à la loi traditionnelle, ils paient le zekkat, font l'aumône dans la mesure de leurs moyens, observent le jeûne du Ramdan et font le pèlerinage à La Mecque, où ils se rendent en passant par In Salah, R'adamès et Tripoli. Comme les Arabes, ils font, à leur retour précéder leur nom du qualificatif *El Hadj* (le pèlerin).

Les femmes prient et jeûnent comme les hommes ; « *elles sont battues, si elles ne remplissent pas leurs devoirs religieux (?)* ».

La prière se fait en arabe, bien que cette langue soit inconnue de la grande majorité de la population. Le fait, qui paraît étrange au premier abord, n'est pas plus extraordinaire que ce qui se passe dans nos églises où nous entendons, journellement des femmes et des enfants, qui n'ont pas la moindre notion de latin, réciter des prières et chanter des cantiques écrits en cette langue.

Les Touareg de l'Ouest n'ont ni mosquée, ni koubba ; on ne trouve chez eux que quelques *Tamedjida* (en arabe *mekkam*) ; ce sont simplement des pierres plantées en hémicycle, parfois réunies entre elles de façon à former un petit mur à hauteur d'appui. Ces monuments primitifs s'élèvent sur les points où des personnages religieux sont morts en odeur de sainteté, ou bien dans les endroits où, de leur vivant, ils avaient l'habitude de camper, de faire leurs prédications, etc... Ces Tamedjida, que la piété des fidèles entretient à peu de frais, sont naturellement des lieux de prière.

ORDRES RELIGIEUX. — Bien qu'il soit avéré que les Senoussya ont des adeptes chez les Azgueur, chez les Hoggar, et dans les oasis du Tidikelt, du Touat, de l'Aouguerout, nos prisonniers affirment qu'il n'existe dans leur pays aucun ordre religieux : « *Nous sommes musulmans malékites* », disent-ils, « *rien de plus, rien de moins* ». — Nous leur avons parlé de Si El Madhi ben Senoussi, des Tedjini d'Aïn Madhi, des marabouts de Temacin, des Ouled Sidi Cheikh, des Bakkay de Tin Bouktou (1) ; ils ont manifesté ou feint le plus grand étonnement, affirmant ne pas connaître, même de nom, les personnages religieux dont nous les entretenions. A les entendre, les zaouïa du Tidikelt, du Touat, de l'Aouguerout, etc..., relèveraient toutes de l'ordre des

(1) Confréries qui se partagent l'influence religieuse dans l'Afrique centrale.

Taïbia; mais cet ordre même, le seul qu'ils avouent connaître de nom, n'aurait aucun adepte parmi eux. C'est peut-être vrai, mais ce n'est guère vraisemblable.

ZAOUIA. — Il n'existe qu'une seule zaouïa dans la région de l'Adrar Ahnet : *Zaouïet at Tebel*. Cette zaouïa a pour chef l'Amel actuel de la confédération, Ben Ketta ag Ibrahim ; elle est nomade et ne possède, pour tout bien, que des troupeaux. Son organisation et son fonctionnement sont analogues à ceux des zaouïa algériennes ; comme celles-ci, elle bénéficie des habbous que la piété des fidèles constitue en sa faveur. Elle comporte une mammera (école primaire), où garçons et filles peuvent recevoir, dans des tentes distinctes, l'instruction élémentaire en langue arabe. Les jeunes filles cessent d'y venir quand elles ont atteint l'âge de 10 à 12 ans. Les jeunes garçons peuvent, s'ils le désirent, pousser plus loin leurs études en restant à la zaouïa, mais peu usent de cette latitude.

En dehors de la région de l'Adrar Ahnet, il existe encore une zaouïa, nomade également, dont le campement habituel est dans la partie de l'Adr'ar' habitée par les alliés de la confédération. Le chef de cette zaouïa se nomme Mohammed ag Seddik, il est originaire des Taïtoq ; c'est l'oncle de l'un de nos prisonniers, Amoumen ag R'ebelli. Mohammed ag Seddik vient, chaque annnée, passer trois mois dans la tente de sa sœur, mère d'Amoumen.

SUPERSTITIONS. — Les superstitions ne sont pas aussi nombreuses qu'on pourrait le croire ; nos prisonniers nous ont même paru professer, à leur égard, une incrédulité qui fait honneur à leur intelligence. C'est le sourire aux lèvres et le regard plein de malice qu'ils nous ont raconté « *ce qu'on dit, mais que personne n'a jamais vu.* »

Il y a dans la région de l'Adrar Ahnet, un animal extraordinaire : il est noir, de la grosseur d'un bœuf, a la forme d'une boule et, par une gueule énorme, il lance des jets d'eau bouillante. Le *Taner'out*, c'est son nom, vit caché dans les grottes, nombreuses dans le pays, mais il change souvent de domicile et on ne sait jamais exactement où il demeure. C'est, du reste, un monstre d'assez bonne composition.... relativement : il n'attaque jamais personne ; seulement, il n'aime pas à être dérangé. Si un voyageur isolé cherche un asile dans la grotte où il dort, ce qui paraît être sa principale occupation, le Taner'out l'inonde d'eau bouillante : le malheureux, tué et cuit en même temps, sert de pâture au monstre, et celui-ci attendra patiemment, pour faire un nouveau repas, qu'une autre victime vienne s'offrir à lui ; rien ne le presse d'ailleurs, il peut rester des années sans manger. — On ne dit pas ce qui se passe quand plusieurs voyageurs se trouvent en présence du Taner'out ; le cas ne s'est pas encore produit.

Les *Kil es Souf*, ou *Ahl et Trab* (revenants) sont des êtres facétieux qui, alliés aux djenoun et aux ogres, s'ingénient à trouver le moyen d'être désagréables aux voyageurs ; sous prétexte que tout ce qui est sous terre leur appartient, ils accaparent toute l'eau des puits, mangent les racines des plantes (1) qui ne peuvent plus pousser, etc., etc. ; leurs mauvais tours vont jusqu'à la cruauté, témoin la légende que voici :

Deux frères fort pauvres, voyageant ensemble, rencontrèrent une caravane venant du Soudan. Les gens de la caravane, pris de pitié pour eux, leur firent don d'une brebis. Les deux frères continuèrent leur route et s'arrêtèrent, pour y passer la nuit, dans un endroit com-

---

(1) C'est presque notre trivialité populaire « manger les pissenlits par la racine. »

plètement désert et dépourvu de végétation. Il n'y avait là qu'une tombe dont les *chouahed* (témoins) (1), faute de pierre aux environs, avaient été faits de deux blocs de bois.

Les voyageurs égorgèrent leurs brebis, puis l'aîné, ne voyant aucun moyen de la faire cuire, dit à son frère : « Va me chercher une de ces bûches, pour faire le feu. » — Le jeune homme obéit ; mais, quand il voulut ébranler la bûche, il entendit une voix plaintive qui, du fond de la tombe, poussait des Ahan ! déchirants à chaque secousse. — Effrayé, il vint raconter ce qui se passait à son frère qui, haussant les épaules, lui renouvela l'ordre déjà donné. — Après trois tentatives infructueuses, l'aîné dit à son frère : « Reste auprès de la brebis, j'y vais », et, à son tour, il se mit en devoir d'arracher la bûche. — « Ahan ! » fit le mort. — « Eh ! Ahan toi-même ! » dit l'autre ; « j'ai besoin de ton bois pour faire cuire notre « brebis et tu n'en as que faire ! » D'un vigoureux coup d'épaule, il jeta la bûche à terre, l'emporta et, trouvant son frère endormi auprès de la brebis égorgée, il alluma le feu et fit cuire la bête. — Quand le feu commença à pétiller, le mort sortit de son tombeau et vint s'asseoir entre les deux frères. La brebis fut bientôt à point, et le rôtisseur, trouvant assez naturel que son fournisseur de bois revendiquât sa place au festin, fit trois parts de la viande. — « Pourquoi fais-tu trois parts ? » demanda le défunt. — Mais, dit celui auquel il s'adressait, parce que nous sommes trois : « Toi, mon frère et moi. » — Ton frère est mort. — « Il dort. — Il est mort. — Il dort. » — Bientôt le mort et le vivant en vinrent à discuter, puis à s'injurier. A la fin, impatienté, ce dernier s'écria : « Si mon frère est mort, tu l'es aussi », et, prenant son fusil, il fit feu sur son interlocuteur qui s'enfuit vers sa tombe où il disparut. Le voyageur, qui l'avait poursuivi, revint

---

(1) Les chouahed sont, ordinairement, deux pierres placées debout, l'une à la tête et l'autre aux pieds.

3

vers son frère qui paraissait toujours dormir, mais il ne put le réveiller : comme l'avait dit le revenant, il était mort. La balle tirée par l'aîné des deux frères n'avait traversé qu'une ombre, et était venue frapper en plein cœur l'homme endormi.

On ne sait pas au juste où ce tragique évènement s'est passé, pas plus qu'on ne se rappelle le nom des deux frères héros de l'aventure.

Les Kil es Souf ne sont pas beaucoup plus sociables que le Taïer'out ; ils vont quelquefois jusqu'à se montrer à deux voyageurs marchant ensemble, mais jamais à trois et encore moins à un plus grand nombre.

Quel que soit le scepticisme des Touareg de l'Ouest, ils ne s'en couvrent pas moins le corps d'amulettes, en tout semblables à celles que portent les musulmans d'Algérie. Toutefois, il est nécessaire que le cordon qui les supporte soit *jaune* ou *rouge* ; c'est un fait établi, mais on n'a pu nous en donner la raison.

VII

Histoire

Après avoir averti de nouveau le lecteur que ses obser-
vations et ses recherches ont été limitées aux Touareg
du Nord, M. Duveyrier, traitant de l'origine de ces peu-
plades, s'exprime ainsi (1) :

« A quel peuple primitif, à quelle langue primordiale rattacher les
» Touareg et le dialecte qu'ils parlent ? Comment établir leur filiation ?

» L'opinion des Touareg sur ces diverses questions a l'avantage
» d'être unanime.

» Nous sommes Imohagh, disent les Azdjer ; Imocharh, disent les
» Ahaggar et les Aouelimmiden ; Imajihren, disent les Touareg d'Aïr.

» La langue que nous parlons s'appelle *temahaq* ou *temacheq*, sui-
» vant les dialectes.

» Les Arabes ont donné à nos tribus le nom de *Touareg* et à notre
» langue celui de *Targuia*, du participe arabe *tarek*, au pluriel
» *touareg*, qui signifie « les abandonnés (de Dieu) », parce que nous
» avons, pendant longtemps, refusé d'adopter la religion que les
» Arabes nous apportaient et parce que, après l'avoir adoptée, nos
» pères ont souvent renié la foi nouvelle. Mais ce nom, qui rappelle
» une situation ancienne, dont le souvenir est aujourd'hui injurieux
» pour nous, n'a jamais été celui de notre race.

» Les cinq noms, *imohagh, imocharh, imagiren, temahaq, tema-*
» *cheq*, qui sont les noms de notre race et de notre langue, dérivent
» de la même racine, le verbe *iohagh*, qui signifie : « il est libre, il
» est franc, il est indépendant, il pille » ....

....

» ... Notre descendance la plus générale est celle des Edrisides de
» Fez ; quelques-uns viennent d'Ech Chinguit, entre Tin Bouktou et
» l'Océan ; d'autres sont des gens de l'Adghagh, entre le Niger et nos
» montagnes... »

Écoutons maintenant nos prisonniers :

_____

(1) *Les Touareg du Nord*, pages 317 et 318.

« *Nous sommes* Imohar', *comme tous les gens qui*
» *portent le voile ; on nous appelle* Touareg, *mais ce*
» *n'est pas notre nom, c'est un sobriquet que nous ont*
» *donné jadis les Arabes, nous ne savons pourquoi.*
» *Notre langue est le* tamahaq ; *dans l'Adr'ar', on parle*
» *la langue* tamacher't, *qui diffère peu de la nôtre, mais*
» *qui n'est pas exactement la même. Nous sommes ori-*
» *ginaires du pays que nous habitons, nos pères y sont*
» *nés, nos aïeux également, et cela depuis que le monde*
» *existe ; nos ancêtres ne sont pas venus d'un pays*
» *étranger. A aucune époque, nous n'avons été les*
» *frères des Hoggar, ni des Azgueur, ni d'aucune autre*
» *tribu.* »

Les Touareg de l'Ouest se considèrent donc comme
des autochthones ; l'hypothèse n'est pas inadmissible,
mais nous devons ajouter que les connaissances histo-
riques des gens dont nous venons de citer l'opinion sont
excessivement restreintes.

Le seul renseignement qu'ils aient pu nous donner,
consiste dans la liste suivante des chefs qui les ont
commandés et dont la filiation s'est, comme on va le
voir, établie par les femmes :

1° AMAR EL KHA, des Taïtoq, élu amrar par le peuple ;

2° MASTAN, petit-fils (fils de la fille) d'Amar el Kha ;

3° OUANKILLA, neveu (fils de la sœur) de Mastan ;

4° SIDI MOHAMMED AG GUEMAMA, neveu (fils de la
    sœur) d'Ouankilla ;

5° IBRAHIM AG AHMADOU, cousin du précédent (les
    deux mères étaient sœurs) ;

6° SIDI MOHAMMED OULD GUERRADJI BEN BISKA,
    neveu (fils de la sœur) d'Ibrahim ag Ahmadou.

Cette liste remonte tout au plus au commencement du
siècle, car Amar el Kha, qui figure en tête, était l'aïeul

paternel du prisonnier Kenan ag Tissi qui est âgé actuellement (1888) d'environ 28 ans (1).

L'avant-dernier Amrar, Ibrahim ag Ahmadou, est encore vivant. Très âgé et n'ayant plus la vigueur physique nécessaire pour diriger les affaires publiques en personne, il a présenté son successeur au peuple qui l'a accepté. Néanmoins, Ibrahim ag Ahmadou partage avec son neveu les bénéfices de la charge, ses conseils sont sollicités, écoutés avec respect et suivis à la lettre par tous. Il est resté, en fait, la tête de la confédération, dont Sidi Mohammed ould Guerradji est le bras.

Sidi Mohammed ould Guerradji ben Biska descend, en ligne paternelle, d'une famille noble du Hoggar ; son père et Ahitaghel sont frères consanguins.

Voici dans quelles circonstances cette famille a quitté le Hoggar :

Biska, aïeul paternel de Sidi Mohammed, avait épousé, en premières noces, une femme des Hoggar dont il avait eu un fils (Ahitaghel, chef actuel des Hoggar). Devenu veuf, il s'éprit d'une femme des Taïtoq et la demanda en mariage. Elle lui fut accordée, mais à la condition expresse qu'il viendrait se fixer dans l'Ahnet. Il accepta, mais dut laisser le jeune Ahitaghel à la famille de feu sa mère. De son second mariage, il eut un fils, Guerradji ben Biska, qui épousa plus tard Kaïmana, sœur d'Ibrahim ag Ahmadou, et qui fut tué dans une rencontre avec les Ouelimmiden ; Kaïmana mourut elle-même peu de temps après. Un fils était né de ce mariage, c'était Sidi Mohammed ould Guerradji. Élevé dans la tente de son oncle, il se faisait remarquer par son caractère aventureux et indépendant, trop indépendant même au gré d'Ibrahim ag Ahmadou. Un jour, des gens du Hoggar enlevèrent des chameaux aux Sekakna et aux Mazil.

_____

(1) Nous n'avons pu obtenir aucun renseignement sur la durée du pouvoir des amrar qui figurent sur cette liste.

Sidi Mohammed, sans consulter son oncle, alla, presque seul, les leur reprendre et, non content de ce succès, il r'azza, en outre, aux Hoggar, quelques chameaux qu'il alla vendre à In Salah. Il n'en fallait pas davantage pour exciter la colère d'Ahitaghel, déjà assez mal disposé pour le fils de Guerradji ; une harka s'organisa au Hoggar. Pour éviter la guerre, Ibrahim ag Ahmadou envoya son neveu au Soudan (1). Il y était depuis deux ans, lorsque, pensant qu'il ne se tenait plus sur ses gardes, les Hoggar, qui avaient découvert sa retraite, allèrent l'y attaquer ; prévenu à temps, il parvint à leur échapper avec ses troupeaux, mais il dut abandonner sa tente, qui tomba au pouvoir de l'ennemi avec tous les objets mobiliers *(debbech)* qui la garnissaient.

Ibrahim ag Ahmadou lui envoya alors, par une caravane des Taïtoq, un message ainsi conçu : « *Reviens* » *parmi nous, tu seras protégé vigoureusement* ». Sidi Mohammed ould Guerradji revint dans l'Ahnet où il épousa sa cousine Amena, fille d'une sœur d'Ibrahim ag Ahmadou ; on a vu plus haut qu'il est, actuellement, le chef actif de la confédération.

---

(1) Pour nos prisonniers, le Soudan commence à hauteur des puits d'Assiou et d'In Azaoua.

VIII

Géographie (1)

Si on jette les yeux sur une carte de l'Afrique Centrale, on trouve, environ entre 0°, 20' long. E. et 2°, 20' long. O., et entre 24°, 15' et 26°, 15' lat. N., deux plateaux orientés N.-O., S.-E.; ces deux plateaux, dont le plus septentrional est beaucoup plus important que l'autre, sont désignés sous le nom unique de BATEN AHENET ; ils sont séparés seulement par une gorge relativement étroite où passe l'Oued Tir'edjîrt ou Ter'âzert. Cette rivière, venant du versant S. du Mouydir, a reçu, avant d'arriver à la coupure dont nous venons de parler, deux affluents de droite : l'Oued Menyet et l'Oued Arak, ayant tous deux, comme elle, leur source dans le Mouydir. Après avoir franchi le défilé, l'Oued Tir'edjîrt ou Ter'âzert échange son nom contre celui d'Oued Tir'ehert; il coule d'abord du N.-O. au S.-E., puis de l'E. à l'O., reçoit, sur sa rive droite, l'oued Tamat et l'oued In Azan dont la source est dans le grand Baten Ahenet, remonte vers le N., reçoit encore un affluent de droite (sans nom), et va se perdre dans les sables d'Iguidi, après avoir tourné vers le N.-O.

_____

(1) Pour nos renseignements géographiques, nous prendrons généralement, comme terme de comparaison, la carte publiée en 1883, par le ministère des travaux publics et dressée par M. Pech, d'après les travaux du lieutenant-colonel Flatters, de MM. Duveyrier, Barth, etc... ; cette carte, la plus récente de celles que nous avons eues à notre disposition, résume tout ce qu'on connaît actuellement, soit par renseignements, soit par reconnaissances régulières. — Les parties que nous avons été amené à modifier sont toutes comprises dans les régions non explorées.

Sur ces données, nous avons cherché à constituer, à l'aide de renseignements plus détaillés, un croquis de la région ; mais, à chaque interrogation, nous n'arrivions qu'à constater l'absence de tout rapport entre les cartes, d'une part, et les affirmations des prisonniers de l'autre. Enfin, Chikkadh ag R'ali nous demanda de lui faire apporter quelques sacs de sable humide, se faisant fort, avec l'aide de ses compagnons, d'exécuter un plan en relief de toute la région de l'Adrar Ahnet.

Ce travail fut terminé assez rapidement, et avec une précision telle que nous avons pu en faire un levé topographique, dont les détails nous ont été donnés, successivement, pour chaque accident de terrain (1).

Restaient trois difficultés : l'orientation, l'échelle du croquis et son report sur la carte.

La première fut résolue assez facilement : tous les prisonniers, interrogés isolément, à plusieurs reprises, ont toujours indiqué, très nettement et sans varier, la direction de plusieurs points connus, comme Akabli, In Salah, El Goléa, Silet, Timissaou, Tin Bouktou, Taoudenni, etc.., par rapport aux différentes parties de la région représentée.

L'échelle offrait plus de difficulté : les Touareg n'ont qu'une notion très vague des distances et de la division du temps ; ils comptent par journées de marche, mais il fallait distinguer la journée de méhari de la journée de caravane. La première est ordinairement d'environ 45 kilomètres, mais elle peut être poussée jusqu'à 70, 80 et même 100 kilomètres, si l'urgence de la course ou seulement le besoin d'arriver à un point d'eau le rendent nécessaire ; la seconde est de 25 kilomètres environ. D'autre part, les points d'eau, qui sont naturellement les principaux gîtes d'étape, étant situés à des inter-

---

(1) Voir la carte au $\frac{1}{800.000}$ de la Région de l'Adrar Ahnet, ci-annexée.

valles très irréguliers, les journées de marche qui les séparent les uns des autres, de quelque catégorie qu'elles soient, sont d'une longueur très variable ; il y en a qui ne sont, à proprement parler, que des demi-étapes. Enfin, il fallait tenir compte de la saison pendant laquelle les voyages, qui ont fourni la matière de nos itinéraires, ont été effectués ; le chemin parcouru dans une journée d'hiver étant forcément moindre que celui qu'on peut fournir pendant les longs jours de l'été. Nous n'avons donc arrêté notre échelle qu'après avoir recueilli des renseignements sur 5,000 kilomètres d'itinéraires, obligé, en comparant les distances entre elles, puis en les rapportant à des distances connues, nos « guides » à se répéter, à se contrôler eux-mêmes, et l'échelle du $\frac{1}{800.000}$ que nous avons adoptée, nous a amené, après la réduction du croquis au $\frac{1}{1.250.000}$ (échelle de la carte Pech) à inscrire la région de l'Adrar Ahnet dans un carré sensiblement égal à celui qui circonscrit, sur les cartes actuelles, les deux Baten Ahenet.

C'est par des moyens identiques que nous nous sommes efforcé de placer, aussi exactement que possible, sur les cartes existantes, la région ainsi levée par renseignements. Ici encore, il a fallu recourir aux distances données par les itinéraires, à leur rapport avec des distances connues, à la répétition incessante des mêmes questions, pour arriver à un contrôle offrant d'autant plus de garanties qu'il était inconscient.

Nous ne prétendons pas avoir déterminé d'une manière immuable la position de l'Adrar Ahnet, ni même la topographie de la région à laquelle il a donné son nom ; nous avons été conduit, par nos renseignements, à déplacer quelques points que des recherches antérieures avaient fixés d'une manière dubitative ; nous imiterons la prudente réserve de nos devanciers, et nous ne saurions trop répéter que notre travail n'est autre chose que la description d'un pays dont nous n'avons eu sous

nos yeux qu'un plan en relief fait de mémoire, et le résumé des renseignements que nous avons pu recueillir.

D'après ces données, la région de l'Adrar Ahnet est
comprise entre 0°, 30' long. E. et 1°, 30' long. O., et entre
23°, 15' et 25°, 30 lat. N.

Le tropique du Cancer laisse, au sud, un huitième
environ du massif de l'Ahnet proprement dit, qui constitue la partie la plus remarquable de la région.

La forme générale de l'Adrar Ahnet peut se définir
ainsi : Deux quadrilatères ayant un côté commun, et
dont le plus septentrional est privé de sa face nord.

Les faces est et ouest de ce dernier s'abaissent gra-
duellement, quoique en pente assez raide, jusqu'au niveau de la plaine ; celle qui le sépare du quadrilatère
sud est presque à pic sur ses deux versants. Dans l'angle
est, se trouve la source de l'Oued Massin, qui donne un
petit filet d'eau courante bientôt absorbé par le sol. La
face ouest se bifurque à la moitié environ de sa longueur,
et, entre ses deux branches, se trouve la vallée de
l'Oued (1) Tamadjar't.

Le quadrilatère méridional, très boisé (en gommiers
surtout), rappelle par sa forme le Milok des environs de
Laghouat ; il est fermé, sur toutes ses faces, par une muraille d'une hauteur colossale : cette muraille naturelle,
presque à pic, n'est franchissable que sur deux points :
à l'est, par un sentier en lacets qui n'est guère suivi que
par les bergers ; à l'ouest, par une coupure qui donne
passage à l'Oued Tegoulgoulet. La source de cette rivière
est dans l'angle S.-E. du quadrilatère ; après en avoir

(1) Sauf l'Oued Massin, qui a de l'eau courante sur une très faible
partie de son cours supérieur, toutes les rivières de la région de
l'Ahnet sont à sec. Il convient donc de restituer au mot *Oued* sa si-
gnification strictement littérale, qui est *vallée*, bien que nous ayons
indiqué par un trait, sur nos cartes, le thalweg de ces vallées, et que
nous nous servions fréquemment des expressions : *affluent, confluent,
rive droite, gauche,* etc...

coupé diagonalement la cuvette, elle serpente au milieu d'un éboulis de rochers énormes; c'est, parait-il, un paysage d'un effet grandiose et saisissant (1).

Sur ses versants extérieurs, la muraille de l'Adrar Ahnet est à pic, ou à peu près, à l'ouest et au sud; les pentes sont plus adoucies à l'est.

Au pied du versant sud et à une faible distance l'un de l'autre, prennent naissance deux ouïdan qui contournent la base de l'Adrar Ahnet: l'un l'Oued Souf Mellel, à l'est; l'autre, l'Oued Amdja, à l'ouest.

L'Oued Souf Mellel coule d'abord de l'ouest à l'est, reçoit, sur sa rive droite, l'Oued Medjounest et l'Oued Tfinok, prend la direction du nord, reçoit, sur sa rive gauche, l'Oued Seffani, l'Oued Issariren, l'Oued Tin Tesselint, l'Oued Tiouiharin, l'Oued Tihilegt, venant de l'Adrar Ahnet, et l'Oued Tadjoura, qui prend sa source dans les pentes de la hamada d'Adoukrouz, non loin de la grande gara dite Djebel Irakaden. Tous ces affluents ne sont, en réalité, que des ravins. Après avoir reçu l'Oued Tadjoura, l'Oued Souf Mellel change de nom et devient l'Oued In Ar'lal; il longe les pentes est de l'Adoukrouz, plateau pierreux et stérile, puis son cours s'infléchit vers l'ouest, et il va se perdre dans le « *Tanezrouft.* »

Ici se place une observation importante : Dans la plupart des cartes, le nom de Tanezrouft semble s'ap-

(1) Il y a, en Algérie, de nombreux spécimens de coupures de ce genre; les plus remarquables sont : certaines parties des gorges de la Chiffa (entre Blida et Médéa), les gorges de Palestro (entre le Col des Beni Aïcha et Bouïra), le Châbet el Akhra (entre Bougie et Sétif), la gorge de Guergour (au N.-O. de Sétif), celle d'El Kantara (entre Batna et Biskra), celles de l'Oued el Abiod (dans l'Aurès) : à Tir'animin d'abord, puis entre El Habeb et Benian, enfin et surtout entre cet oasis et Mchounech (cercle de Biskra). D'après les descriptions de nos prisonniers, la coupure de l'Ahnet serait assez semblable aux gorges de l'Oued el Abiod, dans leur dernière partie qui est la plus imposante et qui défie toute comparaison, même avec les autres sites merveilleux qui viennent d'être énumérés.

pliquer, spécialement, à un plateau inhospitalier compris entre 0° et 2° long. O. et entre 23° et 26° lat. N. Dans le langage des Touareg de l'ouest, le mot a un sens général : *le Tanezrouft*, c'est *le Khrelaa* des arabes, le pays abandonné, inhabitable, « *le pays de la soif et de la faim*, *le désert* en un mot. Nous retrouverons le Tanezrouft sur la route du Soudan, à l'ouest et au sud du puits d'In Azaoua (1).

L'Oued Amdja coule d'abord de l'est à l'ouest, et tourne au nord, après avoir baigné le pied de la gara Rokkan, sur sa rive gauche. Il laisse, à l'ouest, une immense dune à arête tranchante (*Allous* en tamahaq, *Sif* en Arabe), l'Allous Inhar ou Allous Aneffodjen, puis un Ghourd (piton sablonneux en forme de cône) sans nom, longe le Djebel Tar'aït, dont le sommet méridional est assez élevé et qui se termine, au nord, en une hamada d'une faible largeur. L'Oued Amdja reçoit, sur sa droite, l'Oued Tegoulgoulet, l'Oued Tin Adar, l'Oued Anadjar, l'Oued In Terdja et l'Oued Ternadjar't, venant de l'Adrar Ahnet. Arrivé à l'extrémité nord de l'Ahnet, au point où finit aussi le Djebel Tar'aït, l'Oued Amdja tourne brusquement à l'est, reçoit, sur sa rive droite, l'Oued Massin dont il a été parlé plus haut, échange son nom contre celui d'Oued Tar'it et reprend la direction du nord.

La vallée de l'Oued Tar'it est relativement étroite ; elle est limitée : à l'ouest, par le Djebel Tar'it, hamada dont la forme rappelle celle du Djebel Tar'aït dont le Tar'it paraît devoir être le prolongement ; à l'est, par le Djebel In R'arsa qui présente plusieurs parties assez élevées et qui la sépare de la vallée de l'Oued Adoukrouz dont la tête est dans la hamada de ce nom, un peu au nord de la gara d'Irakaden.

L'Oued Tar'it et l'Oued Adoukrouz se réunissent à l'extrêmité sud du Djebel Tar'it, où ils forment l'Oued Tardjerdja.

(1) *Tassili*, plateau pierreux, synonyme de *Hamada*.

L'Oued Tardjerdja, dont la direction est E.-O., reçoit, sur sa rive droite, l'Oued Tadrent dont la tête est un peu plus au nord-est, à In Adjis; les deux rivières réuuies prennent le nom d'Oued Adrem.

L'Oued Adrem, avant d'aller se perdre dans le Tanezrouft, reçoit, sur sa rive gauche, les nombreux ravins qui descendent de l'Acedjradh.

L'Acedjradh est un immense *Tassili* (1) dont la forme étrange serait représentée assez exactement par une main monstrueuse, dont les sept doigts seraient encadrés par deux pouces. Les six ravins qui, pour continuer la comparaison, séparent les sept doigts de cette main gigantesque, sont couverts de végétation : les gommiers y dominent. L'eau y est bonne et abondante, bien qu'il faille creuser pour l'obtenir, C'est un des points de campement des gens de l'Ahnet.

A l'extrémité du pouce occidental de l'Aredjradh, se trouve le point d'Ouallen, situé sur la route directe d'In Salah à Tin Bouktou (2). Ouallen a une très grande importance, aux yeux des Touareg de l'Ouest, en raison du passage forcé à ce point d'eau de toutes les caravanes.

Près d'Ouallen, se trouve le Djebel Sedjendjanet, d'où descend un oued du même nom qui, prenant bientôt une direction parallèle à celle de l'Oued Adrem, va, comme ce dernier, se perdre dans le Tanezrouft.

Ainsi qu'on l'a certainement remarqué, il n'a pas encore été question de l'Oued Tirehart qui, d'après les cartes existantes, couperait le Baten Ahnet en deux parties inégales.

---

(1) Voir, plus loin, l'itinéraire nᵒ 12, de Silet à Talak.

(2) Le point d'Ouallen est un de ceux que nous avons été conduit à déplacer sur la carte ; la netteté avec laquelle sa situation a été établie sur le plan en relief nous en a créé l'obligation. D'ailleurs, au point de vue de la direction générale de la route de Tin Bouktou, la position antérieurement assignée à ce point et celle à laquelle nous avons cru devoir nous arrêter sont également admissibles.

L'Oued Tirehart qui a sa source dans le Djebel Tife-
dest, point culminant de la partie est du Mouydir, con-
tourne l'Adrar Ahnet au sud, mais en demeure à une
certaine distance (une journée de marche environ); il
remonte ensuite au nord, laisse, sur la rive droite,
l'extrémité ouest de l'Allous Aneffadjen, puis un Erg
dont le sable envahit parfois son lit, et sur sa rive gauche,
en face de cet Erg, le Djebel In Ihahou, auquel les Arabes
donnent le nom de Djebel In Zizaou et, par abréviation,
celui d'Inziz.

Contrairement à ce que des renseignements antérieurs
pourraient faire croire, il n'y aurait pas de marais à In
Ihahou, mais bien un petit lac, l'Adjelmam Amessédel,
dont nous nous occuperons plus loin, et qui est situé
sur l'Oued In Ihahou, affluent de gauche de l'Oued Tirehart. Avant de se jeter dans cette dernière rivière, qui a
repris la direction E.-O., l'Oued In Ihahou passe entre
les deux Gour d'In Ouaden et laisse, à sa gauche, l'Allous ouan Haddada qui obstrue une partie de la vallée de
l'Oued Tirehart.

Après avoir dépassé l'Erg signalé précédemment, et
avant son confluent avec l'Oued In Ihahou, l'Oued Tirehart passe au pied du contrefort méridional du Djebel
Taoudraret, qui est situé sur sa rive droite.

Enfin, avant d'aller, comme toutes les rivières de la
région, se perdre dans le Tanezrouft, l'Oued Tirehart
laisse, sur sa rive gauche et à une distance d'environ
10 kilomètres, l'extrémité nord du plus long contrefort
du Djebel Nahalet, que nous retrouverons en détaillant
l'itinéraire de l'Adrar Ahnet à Taoudenni.

Avant de passer à la nomenclature des points d'eau
qui, dans ces parages, ont une importance capitale, il
paraît utile d'expliquer deux expressions qui se repro-
duiront souvent au cours de cette étude, notamment
dans les Itinéraires.

Les Touareg de l'Ouest appellent :

Ibenkar (au singulier *Abenkour*), des points où l'eau est si près du sol qu'il suffit de creuser à quelques décimètres pour en obtenir ;

Adjelmam, des réservoirs naturels qui conservent l'eau indéfiniment, mais quelques-uns en plus ou moins grande quantité, suivant que les pluies ont été abondantes ou rares. Dans leur opinion, ce serait, en effet, l'eau du ciel qui, seule, alimenterait ces réservoirs auxquels ils donnent parfois le nom de *Tilemmas* (au pluriel *Tilmamis*). Il paraît plus probable que certains de ces Adjelmam sont de véritables petits lacs dont le niveau se maintient par le débit, faible, mais incessant, de sources inférieures. M. Duveyrier en signale plusieurs, notamment dans le Tassili des Azgueur : « ... *des* » *crocodiles y vivent* »; ajoute-t-il, « *ce qui implique que* » *le cube de la superficie aquifère est considérable* » (1). Le crocodile *(Arochchaf)* n'existe ni dans la région de l'Ahnet, ni dans celles qu'ont parcourues nos prisonniers ; ceux-ci ne connaissent que de nom ce grand saurien. Faut-il en conclure que la profondeur des Adjelmam de l'ouest est moindre que celle des lacs dont parle le savant voyageur ?

Le mot *Hassi*, employé par les Touareg de l'Ouest, est arabe ; il désigne le puits ascendant ordinaire.

Les points d'eau de la région de l'Adrar Ahnet sont au nombre de *trente-trois*. L'eau est de bonne qualité ; seul, le puits de Koussab, dans la vallée de l'Oued Amdja, est légèrement saumâtre.

La profondeur à laquelle se trouve l'eau nous a été indiquée par hauteurs et fraction de hauteur d'homme. Les Touareg de l'Ouest sont généralement grands ; nous avons donc pris la moyenne de la taille de nos six pri-

_____

(1) *Les Touareg du Nord*, page 29.

sonniers, soit 1ᵐ 65 environ, comme base d'appréciation.

Nous ne nous occuperons ici que des points d'eau situés dans la région de l'Adrar Ahnet; ceux que nous rencontrerons au cours de nos itinéraires seront décrits dans cette partie de notre travail.

Tout d'abord, nous devons procéder par élimination et supprimer le Bir Ahnet qui figure sur certaines cartes; il n'existe pas de puits de ce nom.

Les trente-trois points d'eau de la région se répartissent de la manière suivante :

A. Dans l'Oued Souf Mellel

1. TIN ABSOU, sur la rive gauche, au pied de l'Adrar Ahnet. — Adjelmam ; eau abondante.

2. IN TFINOK, sur la rive droite, près de l'embouchure de l'oued de ce nom. — Adjelmam ; eau abondante.

3. OUED TIHILEGT, sur la rive gauche, dans les pentes de l'Adrar Ahnet. — Adjelmam accessible seulement aux piétons; eau abondante.

4. OULLAN MELLOULIN, sur la rive droite, à peu près en face de l'Oued Tihilegt. — Abenkour; on n'y trouve d'eau que dans les années pluvieuses.

B. Dans l'Oued Adoukrouz

5. HASSI ADOUKROUZ, près de la tête de l'oued et sur la rive droite. — Puits profond d'environ 1ᵐ 75; eau abondante.

C. Dans la cuvette de l'Adrar Ahnet

6. ADJELMAM TEGOULGOULET, à la tête de l'oued de ce nom ; eau abondante en tout temps.

7. TAHARIN (ou Tiouïharin), dans l'angle nord-est de la cuvette. — Adjelmam toujours plein ; eau abondante.

D. *Dans la gorge de l'Oued Tougoulgoulet*

8. AMZI, au pied de l'escarpement de la rive gauche. — Puits profond d'environ 2^m ; eau abondante.

E. *Dans la vallée de l'Oued Massin*

9. RAS EL OUED MASSIN. — Eau courante, abondante, mais qui est absorbée par le sol, après un court trajet.

10. AMASSIN, sur la rive gauche, à l'extrémité de l'Adrar Ahnet. — Un puits profond d'environ 2^m 50 ; eau abondante.

F. *Dans la vallée de l'Oued Amdja*

11. ADJELMAM ANEFFODJEN, sur la rive droite, au pied de l'Adrar Ahnet et à peu près en face de l'extré-mité N.-E. de l'Allous Aneffodjen. — Eau abon-dante.

12. TIN SENASSEN, sur la rive gauche, au pied du Djebel Tar'aït. — Un puits *intermittent*, profondeur 1^m 75 environ ; eau peu abondante.

13. KOUSSAB, sur la rive gauche, à peu près en face du débouché de la gorge de l'Oued Tegoulgoulet. — Un puits profond d'environ 3^m 25 ; eau abondante, mais légèrement saumâtre.

G. *Dans la vallée de l'Oued Tar'it*

14. ITAKKAN N BADNIN, sur la rive droite, au pied du Djebel In R'arsa. — Un puits profond d'environ 3^m 25 ; eau en petite quantité.

15. TIRESSOUIN, sur la rive droite, à l'extrémité nord du Djebel In R'arsa. — Henkar ; eau abondante.

H. *Dans la vallée de l'Oued Tardjerdja*

16. ADJELMAM TARDJERDJA, sur la rive gauche, à l'ex-

4

trémité nord du Djebel Tar'it; eau abondante, en
tout temps.

17. HASSI EL OUATIA, sur la rive gauche, au pied de
l'Aredjradh et en face de l'embouchure de l'Oued
Tadr'emt. — Un puits profond de 1^{m}75 environ ;
eau abondante.

I. Dans la vallée de l'Oued Tadr'emt

18. IN ADJIS, près de la tête de l'Oued Tadr'emt. — Un
puits profond d'environ 3^{m}50 ; eau en petite quantité.

J. Dans l'Oued In Ihahou

19. ADJELMAM AMESSEDEL, c'est un petit lac, situé
près de la tête de l'Oued In Ihahou ; il est plein en
tout temps. — C'est ce lac qu'on désigne parfois,
à tort, paraît-il, sous le nom de marais d'Aziz ;
l'eau, cela va sans dire, y est très abondante.

K. Dans l'Erg et sur la route de Taoudenni

20. TOUHAK. — Adjelmam ; eau abondante.

L. Sur la route directe de l'Ahnet à In Salah

21. ADJELMAM TAMADA, au pied de l'extrémité nord du
Djebel Tar'aït, au point où l'Oued Amdja tourne à
l'est ; eau abondante.

22. TIKEDEBBATIN, au pied du Djebel Tar'it, à hauteur
du gîte d'étape de Seggafih. — Source ; eau abondante, mais absorbée immédiatement par le sol.

M. Sur la route de l'Ahnet à In Salah par Ouallen

23. TAOUDR'ARET, dans la montagne de ce nom. —
Adjelmam contenant toujours de l'eau, mais dont
le niveau baisse, quand les pluies font défaut.

24. OUALLEN. — Grande Guelta toujours pleine, dans le
lit de l'Oued Sedjendjanet; eau d'excellente qualité.

25. ARR'AN, au pied des hauteurs, à l'ouest de la route. — Adjelmam toujours plein ; eau abondante.

26. ABENKOUR MTA EL IMR'AD, un peu au delà de l'extrémité nord-ouest de l'Acedjradh ; eau abondante.

N. *Au pied du versant ouest du Djebel Taraït*

27. R'AZZI.— Adjelmam ; eau abondante. L'Adjelmam de R'azzi est situé à 15 kilomètres environ au nord de la route d'Ouallen.

O. *Dans l'Acedjradh*

28. TELOUAK, au pied des pentes Est du Tassili. — Ibenkar ; eau abondante.

29. TIN TEDJAR'T, dans le premier ravin Est de l'Acedjradh. — Un puits profond de $3^m 50$ environ ; eau abondante.

30. TADOUNAST, dans le 3e ravin. — Adjelmam toujours plein ; eau abondante.

31. TEDJELLET, dans le 4e ravin. — Adjelmam toujours plein ; eau abondante.

32. TAÏSSIST, dans le 5e ravin. — Ibenkar ; eau abondante.

33. HASSI EL MERADJA, dans le 6e ravin. — Deux puits ayant, tous deux, une profondeur d'environ $3^m 50$; eau abondante.

Bien que les populations qui vivent dans la région de l'Adrar Ahnet soient abondamment pourvues d'eaux potables ; qu'elles trouvent, dans leurs ravins boisés, un abri contre une température torride ; qu'une abondante végétation herbacée leur permette l'élevage de nombreux troupeaux, on ne remarque, dans ce vaste territoire, aucune trace de culture.

Faut-il attribuer cette lacune à l'humeur vagabonde

des habitants, à l'absence d'eaux courantes, aux conditions climatériques qui rendraient l'usage des appareils d'extraction de l'eau et le travail de la terre excessivement pénibles ? Ce sont des questions auxquelles nos prisonniers n'ont pu répondre. Ils ne cultivent pas, disent-ils, parce que leurs pères ne l'ont pas fait avant eux, parce que les moyens d'existence dont ils disposent leur semblent suffisants, parce que, enfin, satisfaits de leur sort, ils n'éprouvent nul besoin d'augmenter leur bien-être au prix d'un labeur dont ils ne reconnaissent pas la nécessité.

Ils ont, cependant, deux points importants de culture, mais situés en dehors de la région de l'Adrar Ahnet. Ces deux points, *Silet* et *Belessa,* sont au Sud-Est de cette région, dans des collines qui se rattachent aux derniers contreforts ouest du Djebel Hoggar. — La propriété y a le caractère melk. *Silet* est seul indiqué sur les cartes, y est placé par 0^m1 environ de long. E. et 23°45 environ de lat. N. — Nos renseignements nous ont conduit à lui assigner une situation différente : par $0^m50'$ long. E. et 22°20' lat. N. environ.

SILET est une oasis de palmiers « *plus importante* » *qu'El Goléa* » (1). Les dattiers y forment deux groupes compacts, séparés l'un de l'autre par une très faible distance. Près de l'un de ces groupes se trouvent les ruines d'un Ksar aujourd'hui complètement abandonné. Au moment de la maturité des dattes, les propriétaires de palmiers viennent camper dans leurs jardins ; la récolte faite, tous disparaissent et Silet reste sans gardien. Les palmiers n'exigent aucune irrigation : comme au Souf, comme dans certaines oasis des Ziban, ils sont plantés dans la couche humide qu'on trouve partout à une faible profondeur et dont la fraîcheur est entretenue par une rivière souterraine, l'Oued Feran-Es-Souk, affluent

---

(1) Les statistiques officielles donnent 6,485 palmiers à El Goléa.

de l'Oued Iterass; ces deux rivières descendent, l'une et l'autre, du Hoggar.

L'eau est d'excellente qualité; on la trouve à une profondeur maxima de 1^m50 sur tous les points de l'oasis; l anappe paraît inépuisable.

Les environs de Silet sont pourvus d'une abondante végétation; les arbres les plus communs sont le Tihoq, le Tamat, le Tabaqat; les plantes fourragères sont l'Afezzou et l'Issin (1); on en trouve en grande quantité.

BELESSA est à une journée de marche au Nord-Est de Silet, et à peu près à mi-chemin entre cette oasis et Tit, premier village du Hoggar qu'on rencontre dans cette direction.

Belessa est situé sur l'Oued Iterass, rivière qui descend du Hoggar, coule à ciel ouvert sur son cours supérieur et échange, plus loin, son nom contre celui d'Oued Ameded. Bien que souterraine à Belessa, elle donne cependant au terrain une humidité suffisante pour y permettre, sans irrigation, la culture des céréales (blé, orge, bechna); on cultive aussi à Belessa quelques plants de tabac; mais il n'y a pas de palmiers.

L'eau est à peine à un mètre de profondeur, et d'excellente qualité; la nappe, comme à Silet, paraît inépuisable et s'étend sous toute la partie cultivable.

Sauf dans les terrains de culture, qu'on débarrasse des pierres et des arbres, Belessa offre de grandes ressources en bois et en fourrage. Les arbres les plus communs sont l'Ethel, le Tamat, l'Absaq et l'Azour; le Toulloult et le Tessendjelt (1) y sont en très grande abondance.

Il y a, à Belessa, un village assez important, composé seulement de gourbis entourés de haies d'épines sèches. « Ce n'est pas un village », disent nos prisonniers, « c'est une Zeriba ». Le mot est arabe et signifie, en effet, enclos d'épines sèches.

---

(1) Voir la définition de ces plantes au chapitre la *Flore*.

La population de la Zeriba est uniquement composée des Harratin, qui cultivent pour le compte des Touareg de l'Ahnet dont ils sont les khammès.

Sauf sur ces deux points, dont le plus rapproché (Silet) est à 6 journées de marche du pays qu'ils habitent, les gens de l'Ahnet n'ont pas de voisins immédiats.

Au nord, la région qui les sépare d'Akabli est inhabitée.

A l'est, ils sont séparés de Mouydir par une plaine qui, disent nos prisonniers, n'appartient à personne; les gens de l'Ahnet y étendraient parfois leurs parcours jusqu'au pied du Mouydir, tandis que les nomades d'In Salah ne dépasseraient pas les crêtes de ce plateau.

Le Mouydir aurait, au sud, une forme toute différente de celle qui lui est attribuée par les cartes existantes. Au lieu de se terminer par une ligne à peu près horizontale à hauteur du mont Tisselilin, il se prolongerait en pointe, fort loin au sud, affectant une forme ayant quelque analogie avec celle de l'Afrique et que nous avons indiquée sur notre carte d'itinéraires.

La plaine qui sépare l'Ahnet du Mouydir est un reg sans eau, si inhospitalier que les gens de l'Ahnet, dont cette plaine serait la route la plus facile pour se rendre directement dans l'Aïr, sont obligés de passer par le Mouydir.

Cette plaine se réunit, au sud du Mouydir, à celle qui sépare ce plateau du Djebel Hoggar et où serpentent l'Oued Tirchart et ses affluents. M. Duveyrier place, dans cette région, les T'edj'ehe n eg Galli, tribu dont nos prisonniers affirment ne pas connaître le nom et dont ils nient même l'existence.

L'espace compris entre la partie sud-est de l'Ahnet et le Hoggar, et où se trouvent Belessa et Silet, est inhabité, sauf sur ces deux points, et seulement parcouru par les caravanes.

Au sud et à l'ouest de l'Ahnet, on est dans le Tanezrouft. Nous avons déjà dit ce qu'il fallait entendre par cette expression. Le plateau dénommé, par M. Duveyrier, Tassilli du Sud, fait partie du Tanezrouft, d'après nos prisonniers qui n'ont pu donner aucun renseignement sur ce mouvement de terrain.

En détaillant l'itinéraire de Silet à Talak, qu'on trouvera plus loin, ils nous ont dit « savoir » qu'il y avait une montage au sud, mais à une grande distance (1), et ignorer s'il y avait une ou plusieurs rivières entre cette montagne et la route décrite : il ne nous a donc pas été possible de déterminer le bassin de l'affluent de l'Oued Tin Tarabin, indiqué par M. Duveyrier.

Au sud, et au delà du Tanezrouft, se trouve le massif de l'Adr'ar' (ou Adghagh, d'après un autre mode de transcription), dont quelques vallées sont habitées par les Ifor'ass, tribu indépendante de l'Ar'rerf Ahnet, et les parties montagneuses par les Ouelimmiden.

L'Adr'ar' est moins élevé que le Hoggar ; dans la seule partie qu'ils aient parcourue, nos prisonniers ne connaissent qu'un seul village, le Ksar Irachar, où on remarque 30 ou 40 palmiers, et une zaouïa, celle de Tellabit, appartenant à des marabouts originaires de Kounta (Touat).

La tribu des Iboguelen figurerait à tort, sur la carte de M. Duveyrier, comme ayant ses parcours au nord-est de Timissaou ; les Iboguelen seraient des imrad des Issakamaren.

Nos prisonniers n'ont pu ou voulu nous donner aucun renseignement sur le Djebel Hoggar où, disent-ils, ils ne sont jamais allés ; ils ne connaissent que Tit, près de Belessa. D'une manière générale, ils savent que le Hoggar renferme de nombreuses parties boisées et que l'aspect du pays diffère peu de celui du leur, mais qu'en hiver (et probablement aussi en été, en raison de l'alti-

---

(1) Ceci semble indiquer que le Tassili du Sud n'a qu'un faible relief.

tude), la température y est plus basse. La neige en couvre parfois les cimes et s'y maintient pendant trois ou quatre jours.

Les Arib, Tejakant et Kel Taoudenni, tribus alliées de l'Ar'ref Ahnet, vivent à proximité du Ksar Taoudenni, situé à 20 journées de marche à l'Ouest de Silet, au pied de l'Erg-Ech-Chech. La route qui conduit à ce Ksar passe par Timissaou, puis elle traverse un pays désolé, semé de petites dunes et presque entièrement dépourvu d'eau.

Le Ksar Taoudenni renferme une population d'environ 4,000 âmes; il a une enceinte, mais il n'y a ni palmiers, ni jardins aux environs. C'est l'entrepôt des trois tribus précitées, qui y emmagasinent leurs grains et leurs richesses. Il s'y tient un marché important.

IX

Flore

La région de l'Adrar Ahnet présente un mélange de parties sablonneuses et de terrains rocheux. En général, les vallées, les ravins sont très boisés.

Il était assez difficile de constituer, à distance, la flore d'un pays encore inexploré. Les prisonniers ont d'abord donné, à cet égard, des renseignements forcément très vagues ; puis, ils ont été conduits au Jardin d'Essai où, grâce à l'obligeance de l'administration, ils ont pu pénétrer dans tous les massifs et reconnaître les arbres, arbustes et plantes de toutes sortes qui croissent dans leur pays.

Ils ne les y ont pas trouvés tous ; mais, aidé de leurs souvenirs, de la nomenclature de M. Duveyrier, du Catalogue des plantes de l'Algérie et de la Tunisie, publié, en 1887, par M. Letourneux, aussi, dans une proportion plus modeste, des notes relevées au cours de nos tournées dans le Sahara, nous avons pu établir la liste suivante, liste fort incomplète, sans doute, mais qui contient néanmoins quelques indications utiles :

A. ARBRES

1. ABSAQ (en arabe *Talah*). — *Acacia arabica*, gommier. — Espèce très répandue, dont les graines (*amaladja*) sont très recherchées par les chameaux. L'*absaq* atteindrait jusqu'à 8 et 10 mètres de hauteur.

2. TAMAT (reconnu au Jardin d'Essai). — *Acacia cavenia*, genre gommier, voisin du cassis. — Cet arbre,
moins fort que le précédent, avec lequel on le
confond souvent, se rencontre assez fréquemment
en buissons.

3. TADJAR'T (reconnu au Jardin d'Essai), *acacia ebur-
nea*, févier à épines blanches.

4. ETHEL. — *Tamarix articulata*, atteint d'énormes
proportions (7 à 8 mètres).

5. AZOUR (en arabe *Fersig*). — *Tamarix gallica*? tama-
ricinée. — Les *Fersig* que nous avons vus dans
l'Erg d'El Goléa ont le même aspect que le *Tamarix
gallica* du Tell *(Tarfa)*, mais ils sont beaucoup
plus forts et paraissent devoir être classés, dans
une catégorie spéciale, entre l'*Ethel* et le *Tarfa*;
c'est, du reste, ce que font les indigènes qui ont un
nom particulier pour chacune des trois espèces.

6. TAZZEIT (en arabe *Nakhla*). — *Phœnix dactylifera*,
palmier-dattier. N'existe qu'à Silet et dans les ter-
ritoires habités par certaines tribus alliées. Il
n'y a pas de palmiers dans la région de l'Adrar
Ahnet.

7. TIGAIIN (reconnu au Jardin d'Essai). — *Latania
Borbonica*, latanier de Bourbon, très abondant à
Talak et dans le Soudan.

8. TIGAIT (reconnu au Jardin d'Essai). — *Dracœna
draco,* dragonnier, n'existe, comme le précédent,
que dans les environs de Talak et au Soudan.

9. ADJAR. — Cet arbre, qui n'existe pas au Jardin
d'Essai, ressemble beaucoup à l'olivier et donne
des fruits comestibles d'un blanc jaunâtre. Les
Arabes venus dans le pays lui donnent le nom
d'*âtil*. M. Duveyrier décrit cet arbre auquel il
donne le nom d'*Aleo* et qu'il identifie au *phyllirea,*

genre de la famille des oléacées, tribu des oléinées.
Il donne le nom d'*Adjar* à deux autres arbres :

1° Au *Mœrna rigida,* dont le nom arabe est
Sarah et dont la description ne se rapporte pas à
celle qui précède ;

2° A un grand arbre « à fruits petits, qui n'appelle pas l'attention » et dont le bois, de couleur
marron, fin et léger, s'emploie pour la monture
des armes. Le nom arabe de cet arbre est *El Iatim.*

L'*Adjar* de l'Ahnet serait-il l'arganier commun
au Maroc? Les Touareg n'ont, il est vrai, pas songé
à tirer de l'huile de ses fruits ; mais cette industrie
n'est pas à leur portée, jusqu'ici du moins.

10. DJEDARIA. — *Rhus dioïca,* sumac dioïque, térébin-
thacée. Se rencontre assez fréquemment dans la
région comprise entre le Mzab et El Goléa.

11. TEBOURAQ (reconnu au Jardin d'Essai). — *Ogle
sepiaria,* genre oranger. Atteint d'énormes proportions et donne un fruit velu, de la grosseur d'une
mandarine, fruit fort peu savoureux, que les enfants seuls ramassent et mangent. M. Duveyrier
donne le nom de *Teboraq* au *Balanites Ægyptiaca,*
qui paraît ne pas exister dans l'Ahnet. Nos prisonniers ne le connaissent pas, et il paraît difficile qu'ils puissent ignorer la présence, dans leur
pays, d'un arbre ainsi défini :

« .... Son tronc, d'une circonférence de 1ᵐ à 1ᵐ 50 environ,
» s'élève à 5ᵐ de hauteur sous branches... Son bois est em-
» ployé à faire des planchettes, des colliers... Les anciens
» Égyptiens en faisaient des statues... Il sert à l'éclairage, à la
» façon des bois résineux... Ses feuilles persistantes sont
» petites et charnues; quand elles sont nouvelles, on les cueille
» pour assaisonner les aliments, surtout dans les contrées où
» le sel manque. Elles sont aussi employées pour déterger les
» plaies de mauvaise nature... Son fruit, *Iboraghen,* qui a la
» forme d'une forte jujube, etc., etc... (1). »

(1) Duveyrier, *Les Touareg du Nord,* pages 157, 158.

12. TELOUKAT (espèce inconnue). — Grand et bel arbre ressemblant beaucoup à l'eucalyptus globulus dont il n'a pas, toutefois, l'odeur résineuse. Il donne un petit fruit rouge, comestible, dont l'intérieur ressemble à celui de la figue. Ce n'est pas le goyavier que nos prisonniers ont vu au Jardin d'Essai et dont on leur a fait goûter les fruits.

13. TIHOQ (en arabe *Irak*). — *Salvadora Persica*. Bel arbre, bois odorant et très résistant. Il donne une petite baie d'un goût très agréable et qui ressemble au raisin de Corinthe. (M. Duveyrier écrit *Tehaq*).

B. ARBUSTES

14. TABAQAT (en arabe *Sedra*). — *Zizyphus lotus*, le jujubier sauvage.

15. 16. TADANT. — Les Touareg donnent le nom de *Tadant* à deux arbustes dont la feuille est à peu près semblable, mais qui constituent deux espèces différentes, toutes deux reconnues au Jardin d'Essai, savoir :

1° Le *Brunfelsia americana* ;

2° L'*Elieodendron australe* (vulg. olivetier). Ce dernier donne une baie que ne produit pas le premier.

17. 18. TARAKAT. — Nom commun à deux arbustes reconnus au Jardin d'Essai :

1° *Duranta*, donnant de jolies grappes de fleurs jaunes ;

2° *Grewia orientalis*, arbuste au feuillage très touffu. Ce dernier est commun à Talak.

19. ABQA (reconnu au Jardin d'Essai). — *Zanthoxilon Bungéi* (ou *fraxineum*), dit aussi *Fagara piperita*. Arbrisseau épineux, ayant une odeur poivrée très forte et faisant d'excellentes haies.

20. TILOUGGUIT (en arabe *Merkh*). — *Genista Saharœ.*
Genêt du Sahara. Atteint parfois les proportions
d'un arbre.

21. DEFLA (reconnu au Jardin d'Essai). — Laurier-rose
commun.

C. PLANTES CULTIVÉES

22. TIMZIN (en arabe *Guemah*). — Le blé.

23. TARIDA (en arabe *Chaïr*). — L'orge.

24. ABORA. — Le Bechna.

25. EL KTON. — Le coton, très cultivé à In Salah, Akabli,
dans l'Aouled et le Touat.

26. TABA (en arabe *Dokhan*). — Le tabac, cultivé sur une
grande échelle au Touat et pas du tout à In Salah ;
il y en a quelques plants à Belessa.

D. PLANTES MÉDICINALES

27. TARDJARDJART. — *Cassia obovata*, le séné employé
comme purgatif (M. Duveyrier écrit *Adjerdjer*).

28. TAIHART. — Plante inconnue ; s'emploie comme
sudorifique.

E. PLANTES GRIMPANTES

29. ARENKAD (reconnue au Jardin d'Essai. — Le lierre
commun.

30. HAMEL (reconnu au Jardin d'Essai). — *Phœdrantus
Lindleyanus (Bignognia)*, commun à Talak et dans
l'Adr'ar'.

F. PLANTE RAMPANTE

31. HALKAT, ou TEDJELLET (en arabe *Handhal*). —
Cucunis colocynthis (Coloquinte). Les Touareg en

mangent les graines, après leur avoir enlevé leur amertume.

G. PLANTES AQUATIQUES

(toutes reconnues au Jardin d'Essai)

32. ALMES. — Roseau commun.

33. AKAÏOUAD *(Typha angustifolia)*. — Jonc des marais, se trouve dans quelques ouïdan, notamment dans l'Oued Tin Sermar' (Voir itinéraire n° 5, de Ouahaïen à Daïet ed Drina).

34. TALI *(Fornium tenax)*. — Lin de la Nouvelle-Zélande, plante textile d'une ténacité remarquable. Se trouve dans le Mouydir ; est très abondante dans l'Oued Iterass, au nord-est de Belessa, et dans l'Oued Arak, près de Tadjemout (voir la carte au $\frac{1}{1.250.000}$ ci-jointe).

35. ILEGGA *(Cyperus alternifolius)*. — Plante voisine du papyrus, mais plus forte. Ne croît que dans les adjelmam et les ibenkar où l'eau ne tarit jamais. La plante ne vivrait pas, si l'eau était intermittente ; elle donne donc, par sa présence, une utile indication.

H. PLANTES DIVERSES

36. KHORTAN. — Folle avoine en très petite quantité.

37. HALKA. — Héliotrope.

38. TAIBEROU. — Agave.

I. PLANTES VÉNÉNEUSES

On ne connaît pas de plante vénéneuse dans les contrées habitées ou parcourues par les Touareg de l'ouest. On n'y trouve ni la Bettina *(jusquiame)* qui a joué un rôle si odieux dans la deuxième partie du drame de Bir

R'rama (1), ni l'Afahlehlé *(Hyoscyamus Falezlez)* décrit par M. Duveyrier (2).

J. PLANTES FOURRAGÈRES

Nous classerons les plantes fourragères en quatre catégories :

1ᵘ Très bonnes ;

2° Bonnes ;

3° Passables ;

4° Médiocres.

et, dans chaque catégorie, nous les mentionnerons suivant l'ordre de préférence dont elles sont l'objet, en raison de leurs qualités nutritives.

1ʳᵉ *Catégorie*

1. AD'RILAL. — *Astragalus prolixus.* Petite plante rampante, ressemblant beaucoup au pois chiche sauvage ; on ne la trouve que dans l'extrême sud (M. Duveyrier l'appelle *Adreylal*).

2. TADJEROUFT. — Espèce inconnue.

3. AMALADJA, graines de l'*Absaq.* — *Acacia arabica,* gommier.

4. 5. TAHAR (en arabe *Hâd*). — Les Touareg de l'Ouest désignent sous ce nom deux salsolacées :

A. *Cornalaca Monacantha ;*

B. *Anabasis Aretioïdes.*

2ᵉ *Catégorie*

6. ARASSOU (en arabe *Arta*). — *Calligonum Como-sum,* polygonée. Cet arbrisseau atteint souvent de grandes dimensions.

---

(1) 2ᵉ *mission Flatters*, pages 119, 121, 124, 127, 303 et suivantes. D'après nos prisonniers, la *Beltina* et l'*Afahlehlé* seraient deux plantes différentes.

(2) *Les Touareg du Nord*, pages 128 et 437.

7. ASLAQ (en arabe *Abalia*). — Espèce inconnue.

8. TOULLOULT (en arabe *Drinn*). — *Aristida Pungens,* graminée.

9. AFEZZOU (en arabe *Merkba* ou mieux *Oum er Re-kouba*). — *Scabiosa Camelorum,* scabieuse des chameaux (dipsacée). M. Duveyrier donne le même nom à une graminée de la tribu des Panicées *(Panicum turgidum),* qu'il appelle, en arabe, *Bou Rekouba.*

3ᵉ *Catégorie*

10. IMATELLI (en arabe *Sfar*). — *Arthratherum Brachyatherum,* graminée.

11. TÉROUMMOUT (en arabe *Sfar*). — Graminée, en tout semblable à la précédente, mais plus petite.

12. FTEZZAN (*Oftozzon* d'après M. Duveyrier). — En arabe *Chebreg. Zilla macroptera,* crucifère; sous-arbrisseau épineux.

13. 14. ALEMMOUZ (*Archemmoud* d'après M. Duveyrier). — En arabe *Neci.* Les Touareg de l'Ouest désignent sous ce nom deux graminées :

    A. *Aristida adscensionis ;*

    B. *Arthratherum plumosum.*

4ᵉ *Catégorie*

15. ISSIN (en arabe *Djell*). — *Suada Vermiculata,* salsolacée, plante ligneuse. M. Duveyrier applique le nom d'*Issin* à une rutacée, *Ruta Bracteosa.*

16. ARMAS (en arabe *Guettaf*). — *Atriplex Halmus,* salsolacée, arbrisseau.

17. ASKAF (en arabe *Dhomran*). — *Traganum nudatum,* salsolacée, plante ligneuse. Le dhomran, que les Touareg considèrent comme un fourrage

médiocre, est au contraire très apprécié dans la
région d'El Goléa.

18. TESSENDJELT (en arabe *Diss*). — *Gynerium argen-
teum*, graminée. Le diss serait un bon fourrage,
si la rugosité de l'envers de sa feuille n'avait l'inconvénient d'irriter la langue et le palais du chameau.

19. TASSA (en arabe *Baguel*). — *Anabasis articulata,*
salsolacée, plante ligneuse.

20. TEFERIEST (en arabe *Tessekra*). — Chardon à feuille
panachée (reconnu au Jardin d'Essai).

Quand, dans leurs pérégrinations, les Touareg
de l'Ouest remontent vers le Nord, ils trouvent
d'autres plantes fourragères, qui ne croissent pas
dans leur pays, mais qui sont bien connues dans
la région comprise entre le Mzab, Ouargla et El
Goléa. Ils en font peu de cas.
Ce sont, toujours par ordre de valeur :

21. Le *Reguig*. *Heliantemum Cahiricum*, cistinée, plante
ligneuse qui, quoi qu'en pensent les Touareg, est
fort appréciée, non seulement des chameaux,
mais même des chevaux qui en sont très friands.

22. Le HENNA, ou *Hennet el Djemel*, ou *Alga*. *Heno-
phyton deserti*, crucifère, plante ligneuse fructes-
cente.

23. L'ARFEDJ. — *Rhanterium adpressum,* composée,
plante ligneuse.

24. Le ZEITA. — *Limoniastrum Guyonianum*, plombagi-
ginée, arbrisseau qui atteint de grandes dimensions et qui forme de véritables forêts, notamment au sud d'Ouargla.

25. Le METNAN. — *Thymelea hirsuta*, garou hérissé; thymélée. Cette plante ligneuse est considérée, avec raison, comme un mauvais fourrage, par nos Châanbâa. Les Touareg estiment même qu'elle est nuisible à la santé du chameau, ce qui paraît exagéré.

X

Faune

—

La principale richesse des Touareg de l'Ouest consiste dans leurs troupeaux.

Leurs animaux domestiques sont :

Le CHAMEAU. — Le mâle est une bête de somme (*Djemel*) ou de selle (*Mehari*). La femelle est surtout appréciée comme laitière ; cependant elle est montée ou chargée à l'occasion. Le chameau adulte se nomme *Amis* (au pluriel *Imenas*), la chamelle *Talemt* (au pluriel *Tillamin*), le chamelon de moins d'un an *Aoura*, celui d'un an et au-dessus *Aladjoud*. Le *Mehari* n'a pas de nom particulier.

Le ZÉBU. — « Nos bœufs, nous ont dit nos prisonniers, » ne ressemblent pas à ceux que nous avons vus en » venant à Alger ; les nôtres ont une bosse sur le cou, et » leurs cornes sont plus longues que celles des vôtres. » — Le zébu est un animal parfaitement domestiqué ; les Touareg de l'Ouest l'utilisent comme bête de somme ; ils en possèdent un grand nombre et en font l'objet de transactions commerciales importantes. Le mâle se nomme *Isou,* la femelle *Tissout,* le veau *Illoukien.* Le nom collectif est *Tissita.*

Le MOUTON est d'une espèce particulière : il est noir ou fauve ; il n'a pas de laine, mais un poil se rapprochant, comme aspect, de celui de la chèvre, quoique beaucoup plus court ; ce poil n'est pas utilisé. Le bélier se nomme *Ikerar,* la brebis *Tihali,* l'agneau *Akerouat,* le mouton *Abedjoudj.* Le nom collectif de l'espèce est *Ibedjedj.* Le mouton est destiné à la boucherie, la brebis est gardée comme reproductrice et laitière.

La CHÈVRE est semblable à celle du Nord de l'Afrique ; il y en a de toutes couleurs et elles sont, généralement, très bonnes laitières. Les unes ont le poil long, on l'utilise pour faire des cordes ; les autres ont le poil beaucoup plus court, elles ne sont pas tondues. L'espèce dite *chèvre de Tuggurt* paraît inconnue. — Le bouc se nomme *Hôlaq,* la chèvre *Tirs'i,* le chevreau *Ir'it.*

Le CHEVAL est très rare, mais excellent, paraît-il ; on n'en compte actuellement pas plus de vingt dans tout l'Ar'rerf Ahnet, y compris les tribus alliées. Le nom du cheval est *Aïs,* la jument se nomme *Tibadjaout,* le poulain *Aoutch.*

L'ANE se nomme *Eyhad,* l'ànesse *Teyhadet,* l'ànon *Iraouel.* Les ànes *(Eyhadan)* sont aussi nombreux « que les grains de sable » ; il y en a de toutes robes et de toutes tailles.

Le CHIEN est semblable au chien kabyle connu dans toute l'Algérie. Les Taïtoq ont aussi quelques *Slouguis* qu'ils emploient à la chasse, mais la race est très abàtardie et est fort loin d'avoir la finesse et la pureté de formes si remarquable chez les *Slouguis* des Ouled Nayl et des Ouled Sidi Cheikh. Quelle que soit sa race, le chien s'appelle *Eydi,* la chienne *Teydit,* le jeune chien *Aïkar.*

Le chat domestique n'existe pas.

ANIMAUX SAUVAGES

Les grands carnassiers n'existent pas dans la région de l'Ahnet, ni même dans les contrées habitées, plus au sud, par les alliés de la confédération ; ils y mourraient de faim et surtout de soif.

Nous avons donc le regret de ne pouvoir donner aucun renseignement sur le « *Lion du désert.* »

Les hôtes du pays qui nous occupe sont moins terribles ; ce sont :

L'HYÈNE,	*Ar'idal ;*
Le CHACAL,	*Ibaggui ;*
Le RENARD,	*Khoral ;*
Le FENNEK,	*Akhorhi ;*
Le CHAT-TIGRE,	*Tir'ess ;*
Le GUÉPARD,	*Maïas.*

Le guépard est chassé pour sa fourrure, qui est fort belle ; nous avons fort étonné nos prisonniers, en leur demandant s'ils dressaient ce gracieux animal pour la chasse ; ils ne lui connaissaient pas cette aptitude, très utilisée dans certaines contrées de l'Asie.

Le LIÈVRE, *Timaroualt ;*

L'ANTILOPE BUBALE, *Amellal* (*Begueur el Ouach* des Arabes) ;

L'ANTILOPE ADDAX, *Tihammin ;*

L'ANTILOPE MOHOR, *Ienner.*

L'antilope mohor est blanche, avec poitrail fauve ; ses cornes sont recourbées en avant ; sa peau, très épaisse, sert à faire les boucliers dont il sera parlé quand nous nous occuperons de l'équipement des guerriers touareg.

La GAZELLE COMMUNE (en arabe *R'zel*) ;

La GAZELLE DES DUNES (en arabe *Eudemi,* féminin *Tâdmit*).

Les Touareg de l'Ouest confondent ces deux espèces dans une même appellation : *Ahanqôd.* — La gazelle des dunes est de mêmes formes et de même pelage que la gazelle commune ; mais elle est un peu plus grande, moins fine, et a les cornes plus droites.

Le MOUFLON à manchettes, *Oudad (Larrouï* ou *Fechtal* des Arabes);

L'ONAGRE, *Ahouhil.*

L'onagre vit en troupes nombreuses; c'est un bel animal, mais il ne s'apprivoise, et encore difficilement, que s'il a été pris très jeune.

L'IKAOKAN (cité par M. Duveyrier qui le nomme *Akaokao*), petit mammifère noir, remarquable par l'extrême dureté de sa peau. Il vit sur les arbres et se nourrit de leurs feuilles.

Le RAT RAYÉ,   *Akoundar;*

Le RAT COMMUN, *Akotch;*

La GERBOISE,   *Idhaouï;*

Le HÉRISSON,   *Tikensit;*

M. Duveyrier signale un grand carnivore, le *Tahouri*, qu'on rencontre chez les Touareg du Nord; il est blanc ou noir, de la taille d'une hyène, et très craintif. Il n'est pas connu, si ce n'est de nom, chez les Touareg de l'Ouest.

REPTILES — INSECTES VENIMEUX

Le mot *Achchel*, qui veut dire SERPENT en général, s'applique plus spécialement à la couleuvre, et son féminin, *Tachchelt*, à la vipère céraste.

La COULEUVRE *(Achchel)* inspire une vive répulsion, bien qu'on la sache inoffensive.

La VIPÈRE CÉRASTE, vipère à cornes *(Tachchelt)*, est très commune et sa morsure très dangereuse; on traite celle-ci par la scarification; la cautérisation n'est pas employée.

La VIPÈRE MINUTE *(Zorreïg)*, citée par M. Duveyrier, est inconnue dans l'Ahnet.

Par contre, il existe un serpent, l'*Imadjel*, dont la morsure passe pour être toujours mortelle. Il a une

longueur d'un mètre environ, a des taches brunes autour
des yeux, habite les lieux boisés et se hisse facilement
sur les arbres. Ce serpent paraît être le *Naja* (vipère des
jongleurs), cependant on n'a pas remarqué qu'il se dres-
sât, la tête menaçante et le cou gonflé, comme le fait le
naja sous l'influence de la colère. D'autre part, celui-ci a
presque toujours plus d'un mètre de longueur (1).

Le TANERHOUEL est un serpent qui n'existe que dans
l'imagination des Touareg : il est long comme six
hommes, il a des cornes de bouc tout autour de la tête,
il pousse des cris comme un chevreau..... Mais il est
tellement rare, que personne ne l'a jamais vu.

Il y a encore un autre serpent, qui paraît être de la
même famille que le précédent et qui n'a pas de nom
particulier ; on l'appelle simplement *Achchel*. Il n'a que
quatre fois la longueur de l'homme et porte une touffe
de poils sur la tête (2). On ne l'a pas rencontré plus souvent que le *Tanerhouel*.

L'AMTAR'TAR' est un grand lézard dont la morsure
passe pour être mortelle. M. Duveyrier a fait justice de
ce préjugé : l'échantillon qu'il a rapporté à Paris a été
reconnu pour l'*Agama colonorum*, dont l'aspect est
assez effrayant, quand il hérisse, pour se mettre en dé-
fense, les piquants dont sa tête et son cou sont armés ;
mais ce saurien n'est nullement venimeux. Les Touareg

---

(1) M. Duveyrier écrivait, en 1860 : « On sait que cette vipère
est venimeuse, mais on ne se souvient pas que quelqu'un ait été
atteint par son poison. » Nous avons été appelé à constater, en 1879,
en notre qualité de chef du bureau arabe de Biskra, le décès d'un
indigène qui, dans un café maure d'El Kantara, ayant excité un *naja*
qu'un Aïssaouï venait d'exhiber, avait été mordu à la poitrine et
avait succombé, après trois heures d'horribles souffrances.

(2) La légende de ce serpent chevelu n'est pas particulière aux
Touareg ; nous l'avons entendu raconter à Mgaous (annexe de Barika),
en 1877 ; mais l'homme qui avait vu le monstre était mort depuis
longtemps.

de l'ouest donnent quelquefois à l'*Amtar'tar'* le nom de *Bou Kakach.*

Le SCORPION (*Tezir'demt*) est de couleur fauve ; il atteint jusqu'à douze et quinze centimètres de longueur. Sa piqûre passe pour presque aussi dangereuse que la morsure de la vipère céraste. On la traite de la même manière.

L'ARAIGNÉE *(Saras)* comprend plusieurs espèces, plus ou moins grandes, dont aucune n'est réputée venimeuse.

PARASITES

Le seul parasite de l'homme est le POU *(Tillit) ;* la PUCE, la PUNAISE n'existent pas, « il fait trop chaud pour elles. » Le VER de GUINÉE (*Farentit*) est inconnu.

La PUNAISE du chameau (*Tachellouft*) est très commune.

INSECTES

Les MOUCHES,   *Ehan ;*
Le MOUSTIQUE,   *Tadast ;*
La SCOLOPENDRE, *Tiouant ;*
sont les seuls insectes que nos prisonniers aient pu nous désigner d'une manière précise.

SAUTERELLES

Les SAUTERELLES *(Taouhalt)* traversent la région de l'Ahnet dans leurs migrations, mais *elles n'y pondent jamais,* et jamais, quelque temps qu'il fasse, elles ne passent plus d'une nuit sur les points où leur vol s'est abattu. Ce peu de temps leur suffit pour commettre des dégâts considérables qu'on ne connaît aucun moyen d'éviter.

Les sauterelles ne viennent pas chaque année et leur nombre varie à chaque migration.

Elles viennent toujours du Soudan, mais on ignore de quel point précis ; elles partent toujours dans la direction du Nord, qu'elles reprennent aussitôt qu'elles le peuvent, quand un coup de vent les a fait dévier de leur route.

Elles arrivent dans l'Ahnet à la fin de l'hiver ou, au plus tard, dans les tous premiers jours du printemps ; *elles ne reviennent jamais en arrière.*

Les Touareg de l'Ouest ne, mangent pas la sauterelle ; seuls les malheureux, les affamés en tirent parti ; encore faut-il qu'ils n'aient pas d'autre nourriture à leur disposition.

POISSONS

Il n'existe aucun poisson dans les adjelmam, ni dans les ibenkar de la région de l'Ahnet.

OISEAUX

Les Touareg dè l'Ouest n'élèvent pas de poules, *parce qu'ils n'en mangent pas la chair ;* on en trouve toutefois quelques-unes à Belessa : elles appartiennent aux Harratin fixés dans la Zeriba.

Les oiseaux les plus connus sont :

L'HIRONDELLE,	*Imestar' ;*
Le PIGEON,	*Tidabirin ;*
Le CORBEAU,	*Ar'aledj ;*
Le NÉOPHRON,	*Tarhaldji ;*
Le GYPAÈTE,	*Tamidda ;*
Le FAUCON,	*Loullam ;*
L'AIGLE,	*Ihader ;*
L'AIGLE à tête blanche,	*Aziz ;*
Le FLAMANT,	*Adjaïs* (ne se rencontre que dans l'Adr'ar) ;

L'AUTRUCHE, *Anhil* (vient en assez grand nombre dans l'Ahnet).

L'AUTRUCHE. — L'autruche mâle se nomme *Anhil*, la femelle *Tanhilt*, l'autruchon *Akart*.

Les autruches, disent nos prisonniers, sont des oiseaux essentiellement nomades. Elles vivent en troupe, et ce n'est qu'au moment de la ponte et de la couvée qu'elles se décident à vivre par couples et à rester en place.

Elles choisissent, pour nicher, un endroit désert, dans le Reg et, de préférence, sur un point sablonneux ; leur nid se compose simplement d'un bourrelet de sable au milieu duquel la femelle dépose ses œufs.

Si, au retour d'une absence, l'autruche s'aperçoit que son nid a été découvert, elle casse elle-même ses œufs et disparaît. Si, par suite d'une chasse, elle a dû prendre la fuite, elle les abandonne, soit qu'elle craigne pour elle-même, soit qu'elle ne puisse retrouver son chemin.

L'autruche est très craintive de sa nature ; la vue de l'homme suffit pour la faire fuir.

Nous n'avons pu savoir, d'une manière précise, jusqu'où s'étendent actuellement, au Nord, les parcours des autruches ; tout ce qu'ont pu nous dire nos prisonniers, c'est que ces oiseaux viennent en assez grand nombre dans leur pays, qu'ils vont même plus au nord que l'Oued Adrem, mais qu'ils n'arrivent pas jusqu'à Akabli. Il en est ainsi depuis un temps immémorial, et, malgré la chasse que leur donnent les Touareg, on n'a pas constaté de changement appréciable, soit dans leur nombre, soit dans la direction ou la limite de leurs parcours.

Elles se nourrissent des feuilles et des fruits de l'*Absaq* (gommier), de coloquintes, et avalent les pierres blanches qu'elles trouvent sur le sol.

On chasse l'autruche pendant l'été, et de la manière suivante :

Les chasseurs se divisent en deux groupes : l'un, composé des cavaliers et des propriétaires des meilleurs mahara, force l'autruche ; l'autre suit, d'aussi près que possible, portant l'eau et les provisions.

Il y a des chevaux, entre autres celui que possède actuellemeut Sidi Mohammed ould Guerradji, qui ne laissent pas prendre à l'autruche une avance de plus de 25 à 30 mètres.

L'autruche n'est tuée ni à coups de fusil, ni à coups de couteau, on risquerait de gâter sa dépouille ; elle est forcée, puis assommée au moment où elle tombe de fatigue.

La chasse dure parfois plusieurs jours ; on n'abandonne une troupe d'oiseaux que lorsqu'elle a été exterminée, ou lorsque ses débris sont parvenus à dépister les chasseurs. Il n'est pas rare de voir ceux-ci rentrer avec seize ou dix-huit dépouilles.

Les dépouilles sont vendues à In Salah ; celle d'un beau mâle vaut 80 douros (400 francs) ; une dépouille de qualité moyenne se paie 50 douros (250 francs).

XI

Minéraux

Nous n'avons pu recueillir, sur les ressources miné-
rales de la région de l'Ahnet, aucune indication. S'il s'y
trouve des gisements métalliques, les habitants en
ignorent l'existence.

Ils connaissent la poudre d'or de Tin Bouktou ; il est
donc probable que, si pareille richesse existait dans leur
pays, ils chercheraient à l'exploiter et en parleraient.

Ils ont ouï dire que le personnel de la 2e mission Flatters avait recueilli, entre Amadr'ar et Temassint, des
pierres vertes dont cette circonstance leur a révélé la
valeur. Ces pierres étaient des émeraudes (en arabe
Zmered) dont quelques-unes avaient la grosseur d'un
œuf (1). Il n'y en a pas dans la région de l'Ahnet, mais
on en trouverait entre le Hoggar et le pays des Azgueur.

Les Touareg portent tous, au-dessus du coude droit,
un bracelet *(Abedj)* fait d'une pierre nommée *Aloulaq.*
L'*Aloulaq* est une serpentine, d'un vert très foncé,
presque noir, à grain très serré, dont on trouve des
blocs dans les Ouïdan ; il y a même des gour qui en sont
entièrement formés. Cette matière est taillée sur place ;
elle est ensuite polie et travaillée, aussi bien par les
femmes que par les hommes, mais elle n'est pas employée à d'autres usages que la confection des bracelets.

_____

(1) Voir le *Journal de route de la 2e mission Flatters* (journée du
6 février).

Le FER brut n'est pas travaillé dans l'Ahnet : les armes, les ustensiles y sont articles d'importation.

Le SEL n'existe pas, il vient du Touat. Cependant, dans les terrains de Belessa, on en trouve, de fort mauvaise qualité, et mélangé à la terre. Il est probable que ce sel est de la magnésie, ce qui donnerait à supposer que l'eau n'est pas, à Belessa, aussi bonne que les renseignements de nos prisonniers tendraient à le faire croire.

Le SALPÈTRE,	*Tisemt n el Baroud,*
Le SOUFRE,	*Tazzefrit,*
Le PLATRE,	*Tehemaq,*
La CHAUX,	*Ezzebeh,*
La PIERRE MEULIÈRE,	*Tasirt,*

n'existent pas ; on se les procure au Touat.

L'ARGILE *(Adaq)* se trouve sur certains points indéterminés, mais seules les femmes des tribus de l'Adr'ar' savent en faire des poteries.

L'OR,	*Ourak,*
L'ARGENT,	*Azref,*
Le CUIVRE,	*Ir'ir,*
Le FER,	*Tezouli,*
Le PLOMB,	*Halloun,*

ne se rencontrent pas dans la région de l'Ahnet.

XII

Climat — Maladies — Médecine — Hygiène

La région de l'Adrar Ahnet, traversée à sa partie méridionale par le Tropique, est naturellement très chaude, mais elle n'est pas insalubre ; les arbres très nombreux qui y croissent et que la chaleur, d'une part, le manque d'industrie et l'habitation sous la tente, de l'autre, font respecter, y sont certainement pour quelque chose.

En automne seulement, la fièvre sévit.

Bien que cette fièvre *(Tazzaq)* ait tous les caractères de la fièvre paludéenne : frissons, intermittence ; bien que l'époque à laquelle elle paraît soit précisément celle où le *Them* sévit dans nos oasis sahariennes, les Touareg de l'Ouest lui attribuent une cause assez bizarre : l'abus du blé ou du bechena mangés avant maturité suffisante. Quant au remède employé, il est plus bizarre encore : le malade fait égorger une chèvre, et se place de façon à recevoir, sur la tête, le sang qui retombe sur ses épaules et se répand ensuite sur tout le corps.

Les OPHTHALMIES, *Kemanet Tittaouin* (1), sont fréquentes ; les longues courses dans le sable, sous un soleil torride, les déterminent, la malpropreté les entre-

---

(1) Littéralement maladie des (deux) yeux. — Il y a ici une remarque de linguistique à faire : En tamahaq comme en arabe, le même mot sert à désigner l'œil et la source. L'arabe dit *Aïn*, une source, ou un œil, *Aïnin* (forme du duel) les (deux) yeux. L'Imohar' dit *Tit*, une source, ou un œil, *Tittaouïn* (forme du duel) les (deux) yeux. En langue tamahaq, aveugle se dit *Derr'al*, et borgne *Illatit*.

tient, et l'ignorance en retarde, souvent même en empêche la guérison. Hommes et femmes emploient comme
remède, à la fois préventif et curatif, le *Koheul (Tazoult)* dont ils se colorent les paupières. Le *Koheul*
(sulfure d'antimoine) s'achète dans l'Adr'ar'.

La VARIOLE *(Bedi)* règne parfois à l'état épidémique,
et avec d'autant plus d'intensité que la vaccination est
inconnue, et que les Touareg ne pratiquent même pas,
comme les Arabes, l'inoculation du virus variolique.

La ROUGEOLE *(Loumet)* atteint les enfants; on se
contente de couvrir le malade et de le faire transpirer.

Le RHUME *(Djebourou)* se traite de la même manière.
La toux se dit *Tessoût*.

Les DARTRES *(Anherou)* sont fréquentes; on les attribue aux djenoun, et on les traite au moyen d'un philtre
qu'on fait prendre au malade; ce philtre se compose
d'un mélange de dattes et de diverses écorces d'arbres,
sèchées et pilées.

La SYPHILIS *(Talaouaït)* est très commune; elle est,
le plus souvent, héréditaire. On la traite en faisant prendre au malade un mélange de cendres de cornes de
mouflon et de dattes pilées; on ne fait pas usage de la
salsepareille, qui semble être inconnue dans l'Ahnet.

Après ces quelques détails, il est presque superflu
d'ajouter que la médecine n'existe pas chez les Touareg
de l'ouest; ils n'ont même pas, comme les Arabes, de
toubib plus ou moins ignorant; quand, ce qui est fort
rare, ils se décident à recourir aux soins d'un médecin,
ils s'adressent à ceux d'Akabli, de l'Aoulef ou d'In Salah.
Hors des remèdes empiriques cités plus haut, tout
l'arsenal pharmaceutique des gens de l'Ahnet se résume
en deux plantes : l'une purgative, le séné *(Tardjardjart)*,
l'autre sudorifique, le *Taïhart* (espèce inconnue).

Contre les morsures ou piqûres de reptiles ou d'insectes venimeux, on emploie la scarification et, dans les cas graves, l'introduction de la partie scarifiée dans le corps palpitant d'un animal (chèvre ou mouton) égorgé pour la circonstance (1).

Les Touareg de l'ouest n'emploient jamais le feu, dont leurs voisins du Hoggar, et aussi les Arabes, font un si fréquent usage.

On conçoit que, dans une société où la science ne vient pas en aide à la nature, où les conditions d'existence sont particulièrement dures, il s'opère, dès le bas âge, une sélection qui ne laisse vivre que les sujets absolument vigoureux.

Ceux-ci, d'ailleurs, observent avec le plus grand soin des pratiques hygiéniques, ou qu'ils croient telles, et qui sont les suivantes :

1º Ainsi que nous avons eu déjà l'occasion de le dire, les Touareg de l'ouest n'ont pas, comme ceux du nord, de répulsion pour l'eau. Quand ils en ont à leur disposition, ils s'en servent pour faire leurs ablutions, ainsi que le prescrit le Koran, ce qui revient à dire qu'ils se lavent, non seulement le visage et les mains, mais aussi le reste du corps.

2º Les femmes, seules, se teignent les mains, les bras et la figure avec de l'ocre jaune ou rouge, parfois même avec de l'indigo ; cette coutume a pour objet de les préserver de l'atteinte du froid et de la chaleur, et aussi de « les rendre plus belles », ce qui prouverait que la beauté est une chose de convention.

3º Les hommes, seuls, portent constamment un voile qui ne laisse voir que les yeux. Cet usage auquel ils se

---

(1) Ce traitement ne se pratique pas seulement chez les Touareg. Nous l'avons vu employer, dans le Hodna de Barika, pour un petit enfant piqué par un scorpion. « La chair du mouton avait-elle absorbé » le poison », comme le croyait l'opérateur, ou la nature avait-elle agi seule ? Toujours est-il que l'enfant guérit.

conforment avec une rigueur quasi religieuse, est évidemment né de la nécessité, pour ces voyageurs toujours en route sous un ciel de feu, de se préserver des atteintes d'une chaleur excessive, et aussi du sable que soulèvent les vents violents du Sahara.

4° Les hommes se rasent la tête d'une manière très étrange et qui rappelle, un peu, la coiffure burlesque adoptée par les clowns de nos cirques. Ils laissent au milieu, du front à la nuque, une sorte de crête de cheveux, *Aharkouba,* et, à hauteur de chaque tempe, une touffe, *Tihokkad.* Le tout se réunit à la nuque. L'Aharkouba n'est pas tressée, comme chez les Touareg du Nord ; elle est, au contraire, maintenue à une hauteur de deux à trois centimètres au plus.

XIII

Alimentation — Ustensiles de ménage

La nourriture est préparée par les esclaves négresses. Outre le lait et les dattes, dont il est fait une grande consommation, elle se compose des mets suivants :

TADJELLA. — C'est à peu près la *Kesra* des Arabes ; le blé est réduit en farine au moyen du moulin à bras *(Tahounet)* ; la pâte, une fois pétrie, est cuite dans le sable. La *Tadjella* se conserve cinq ou six jours.

TIKAMMAZIN. — *Kouskoussou* à gros grains *(Medjbour)* ; on le cuit en le plongeant dans la *merga* bouillante ; il est ensuite roulé dans le beurre, puis mangé tel quel, ou assaisonné au goût de chacun.

ASSINQ. — Sorte de bouillie faite de farine de blé ou de bechena, pilée à plusieurs reprises et réduite en poudre presque impalpable ; cette farine est cuite dans l'eau salée, on laisse ensuite refroidir et l'*Assinq* est mangé quand il a pris consistance.

OUDI (le beurre) se mange avec la *Tadjella*, sous forme de tartines, et s'emploie dans la préparation de tous les aliments. Comme les Arabes, les Touareg préfèrent le beurre rance au beurre frais.

ROUZ (le riz) vient de Tin Bouktou ; il est apporté, à titre de *ghefara*, par les tribus alliées qui habitent l'Adr'ar' et par les *Imrad* de Talak. C'est un plat de luxe qui ne paraît que dans les repas des riches.

TALEBEDJAT. — Le *Talebedjat* est un plat de viande. Celle-ci est fendue, de manière à former des lanières à demi détachées, cuite d'abord, à moitié, dans l'eau, puis battue très vigoureusement. On la place ensuite dans une marmite *(Tir'ert)*, on l'arrose de beurre et on achève de la cuire sur un feu doux.

IKERAR RINIAN (mouton rôti). — L'animal est décapité, dépouillé de sa peau, vidé, fendu de la gorge à l'extrémité et posé, à la crapaudine, sur un lit de braise où on le maintient à l'aide de pierres posées à l'extrémité de chacun des quatre membres ; après quoi on le recouvre de sable et on le laisse cuire pendant environ deux heures.

IENELI *(Bechena)*. — Se réduit en farine, comme le blé, et sert aux mêmes usages ; c'est le « *froment du pauvre* ». Quand on part en expédition, on en emporte dans des *mezoued* ayant servi à faire le beurre, puis on en fait de la *r'ouina*.

Les légumes n'existent pas dans la région de l'Ahnet ; la plupart viennent d'In Salah et du Touat ; cependant, on cultive à Belessa, mais en très petite quantité et seulement pour les besoins locaux :

La CITROUILLE,   *El Kaboui ;*
Le POTIRON,   *El Guena ;*
Le MELON BLANC, *El Bettik ;*
La CAROTTE,   *Sennaria ;*
Le NAVET,   *Aferan ;*
Les FÈVES,   *Foul ;*
L'OIGNON,   *El Bessel ;*
L'ÉCHALOTTE,   *El Halba ;*
L'AIL,   *Tissekart.*

Les fruits consommés sont :

La GRENADE, *Rouman,* | venant du Touat et d'In
Les AMANDES, *Louz,* | Salah ;

Le RAISIN, *Az Zebib,* |
La FIGUE, *Ahar,* | venant de Tit (Hoggar) ;

L'ABRICOT est inconnu.

Le THÉ, le CAFÉ ne sont consommés que chez les gens riches qui les achètent à In Salah, au Touat, etc.

L'usage du tabac est très répandu, mais il n'est pas absolument général : les femmes, comme les hommes, prisent et fument *la pipe ;* il y a même des hommes qui chiquent.

Les ustensiles de ménage sont :

Un moulin à bras, TAHOUNET, des plus primitifs : c'est une pierre plate sur laquelle on écrase le grain, à l'aide d'une autre pierre, de forme, autant que possible, ronde ou cylindrique, qu'on roule avec les deux mains.

Un mortier, TINDI, et son pilon, IHARRAN, en bois d'*absaq* ou de *tebouraq*.

Une marmite, TIR'ERT, en poterie, fabriquée dans l'Adr'ar'.

On boit dans des *Setla* en cuivre, venant de R'ât, ou dans des vases en bois taillés, par les femmes, dans des blocs de *Tabaqat* (jujubier sauvage).

On mange dans de la vaisselle en bois venant du Soudan. Cette vaisselle, très belle, « *très supérieure à celle de Kabylie* », est noire ; elle est taillée dans des troncs d'arbres inconnus dans l'Ahnet et qu'on nomme *Akakou, Adrass, Taouïla* (ce n'est pas l'ébénier dont le nom est *Yabnous*).

Les pièces qui composent le service sont au nombre de trois seulement :

1° Une grande *guessâa* dont les dimensions varient suivant le nombre de convives qui doivent prendre place autour d'elle. Les petites (TARAHOUT) sont pour quatre ou huit personnes ; les grandes (TAR'LALT) peuvent recevoir jusqu'à trente convives ;

2° Une grande cuillère à pot, ASSEROUI ;

3° La cuillère individuelle, TESSOKALT.

Il n'est pas fait usage de lumière la nuit ; les gens riches, seuls, ont des lanternes à huile, de provenance européenne, qu'ils font venir de R'ât, ou bien ils brûlent des bougies qu'ils se procurent à In Salah.

———————

XIV

Costume

Les Taïtoq et les gens des autres tribus de la confédération portent des vêtements confectionnés avec des étoffes fabriqués en dehors de leur pays. La plupart de ces étoffes viennent du Soudan ; le principal centre de fabrication est Kenou (Kano de la carte de l'Afrique occidentale déjà citée), au sud de Damergou ; on en tire aussi de deux autres Ksour situés au N.-O. de Kenou : Koura et Noufi (peut-être Kourac et Kounefi, de la même carte).

Le costume des hommes se compose des pièces suivantes :

TEKOUMBOUT. — Chachia rouge, très haute, avec gland noir très volumineux. La *Tekoumbout* vient généralement de Tunis ; elle se vend à In Salah. (On n'a pu nous renseigner sur la valeur).

TEDJOULMOUST. — Voile noir, fait d'une espèce de gaze très fine, tissée en bandes longitudinales qui sont cousues les unes aux autres. Plus il y a de bandes, plus le tedjoulmoust a de valeur. Les plus estimés viennent de Kenou (Kano) ; le nombre de leurs bandes va jusqu'à douze. Un tedjoulmoust fin vaut un mouton.

Les hommes seuls sont voilés jour et nuit ; il est défendu aux femmes de se montrer autrement que le visage découvert (1).

_____

(1) « Un Targui, quel qu'il soit », dit M. Duveyrier, « croirait » manquer aux convenances en se dévoilant devant quelqu'un.... A

ACHCHACH (c'est le mot arabe *Ech Chach*). — Longue pièce de cotonnade blanche qui s'enroule autour du corps. Elle forme d'abord turban, à la base du *Tekoumbout*; elle descend ensuite sur les épaules, puis à la taille, de façon à dessiner une ceinture et de larges bretelles. L'étoffe se nomme *Makhmoudi*; elle est de fabrication européenne; c'est probablement le madapolam dont on trouve de grandes quantités sur tous les marchés de l'Algérie. Les Touareg l'achètent à In Salah, où elle arrive par le Mzab (aucun renseignement sur le prix).

TIKARHAÏT. — Ceinture en laine rouge, qui se porte sous l'*Achchach*; même provenance que celui-ci; valeur indéterminée.

TIKAMIST. — Sorte de blouse très ample et sans manches (l'*Abaïa* des arabes), en cotonnade *à carreaux bleu et blanc* (1), plus ou moins richement brodée. Se fabrique à Taïlent (?) dans le Soudan, et se paie d'un chamelon.

KARTEBA. — Pantalon, de même étoffe que le *Tikamist* et, comme lui, à carreaux bleu et blanc. Il a la forme du pantalon des zouaves, avec cette différence qu'il descend jusqu'à la cheville, où il se termine par une jambière étroite et haute de douze à quinze centimètres. L'étoffe vient de Taïlent, le vêtement est confectionné dans la famille. Le prix est équivalent à celui d'une chèvre..

IR'ATIMEN. — Sandales en peau de zèbre recouverte en peau de chèvre teinte en rouge. Elles se fabriquent à

» Paris, j'ai vainement sollicité le Cheikh Othman et ses deux disciples de laisser tomber leur voile devant l'appareil photographique... » Plus heureux que l'illustre voyageur, nous avons obtenu, par la persuasion seule, de nos six prisonniers, ce que le Cheikh Othman lui a refusé; néanmoins, il était facile de voir, ne fût-ce qu'à l'empressement qu'ils mettaient à replacer leur voile après l'opération, qu'ils se sentaient mal à l'aise le visage découvert.

(1) Les Touareg du Nord portent des vêtements bleu uni.

Idjadah. Une paire d'*Ir'atimen* pour homme se paie dix drâa de cotonnade.

On fait aussi usage, quelquefois, de *Bolr'a* algériennes ou tunisiennes qui se vendent à In Salah, mais l'*Ir'atimen* est la chaussure nationale.

ABERNOU. — Le *burnous* ne fait pas partie du costume des Touareg ; quelques individus en achètent à In Salah et les portent exceptionnellement, mais c'est alors un costume absolument de fantaisie.

ABEDJ. — Bracelet en serpentine (*Alloulaq*). Se porte au-dessus du coude droit ; il donne plus de force pour lancer la sagaie, et, dit M. Duveyrier, « *offre un point » d'appui solide pour écraser la tête de son ennemi.* » L'abedj est très souvent un gage d'amour que la femme targuie offre à son fiancé et sur lequel elle a gravé, elle-même, une inscription.

TEZZABIT. — Boucle d'oreille unique, en argent. N'est pas d'un usage général.

Le costume des femmes comporte les pièces suivantes :

IKARRAÏ. — Voile, confectionné avec deux ou plusieurs *Tedjoulmoust*. Il enveloppe la tête et couvre les épaules, un peu à la façon d'une mantille.

TIKAMIST. — De même forme que celle des hommes, mais de couleur noire pour le costume journalier. Quand elles portent le costume d'apparat, les femmes ont des *Tikamist* rayées bleu, rouge, noir, vert et blanc. L'étoffe rayée vient du Djerid et varie de prix suivant sa qualité. On l'achète à In Salah.

SEDJEBÈS. — Ceinture, faite d'un morceau de l'étoffe qui a servi à confectionner la *Tikamist*.

HAÏKI. — Haïk en laine et soie. Vient du Djerid, s'achète dans les Ksour d'In Salah, du Touat, etc...; son prix est ordinairement de 12 à 15 douros (de 60 à 75 francs).

TABEROUK. — Sorte de *haouli*, longue pièce d'étoffe de laine à fond blanc, avec rayures où dominent les couleurs bleue, rouge, verte et jaune. Le Taberouk enveloppe la tête et le corps, à la façon du *Haïk ;* il se fabrique au Gourara ; son prix est de 12 à 15 douros (60 à 75 francs).

TEKHABIT. — Troisième *haïk*, de couleur noire, en laine très légère, qui se porte par dessus tout le costume. Se fabrique au Gourara et vaut douze douros (60 francs).

IR'ATIMEN. — Sandales, de même forme et de même provenance que celle des hommes, mais plus ornementées. Leur prix est de 15 drâa de cotonnade.

C'est là le costume d'une femme riche; il va sans dire qu'il est très simplifié pour les femmes de la classe pauvre.

Les bijoux sont en or ou en argent; ils viennent de Tin Bouktou ; leur valeur est déterminée par leur poids et le fini de leur travail ; ce sont des boucles d'oreilles, des colliers, des bagues et des bracelets. Les femmes des Touareg de l'Ouest ne font pas usage d'anneaux de jambe.

TIR'A. — Le collier se compose de pendeloques qui tombent sur la poitrine et qui sont suspendues au cou, soit par une chaîne de métal, soit par un simple cordon. La femme de Sidi Mohammed ould Guerradji, chef de la confédération, en possède un, entièrement en or, qui passe pour une merveille.

TEZZABITIN (duel de *Tezzabit*). — Boucles d'oreilles en argent *(Azref)* ou en or (*Ourak*). Ce sont de grands anneaux dont le diamètre va jusqu'à 10 et 12 centimètres, et auxquels sont fixées des pendeloques agrémentées de corail. Les boucles d'oreilles en or sont, généralement, d'un diamètre plus grand que celles en argent.

TISSER'IN. — Bagues. La suprême élégance consiste

à en porter une à chaque doigt (pouce compris) et aux deux mains : celles du pouce, du médium et de l'auriculaire sont en or et portent un chaton, très en relief, qui contient un grain de plomb mobile ; celles de l'index et de l'annulaire sont en argent, le chaton est remplacé par un douro. Les bagues ne se portent, en général, qu'avec le costume d'apparat, leur nombre et leurs dimensions rendant tout travail manuel impossible.

JABEDJAN (au singulier *Abedj*). — Bracelets. Les femmes riches en portent, à chaque bras, autant qu'elles peuvent, en alternant un bracelet en or, un en argent, etc... Le bracelet en argent est une baguette unie, terminée par deux grosses boules dont l'écartement permet l'introduction du bras. Le bracelet en or est plat, large de quatre à cinq centimètres, et orné de têtes de clous disposées en quinconce. Il n'est pas ouvert.

XV

Armement

Les Touareg de l'Ouest sont tous, aujourd'hui, sauf les très pauvres gens, armés de fusils à deux coups et à piston, armes anglaises probablement, qui s'achètent au Touat et à In Salah, où on les expédie de Tripoli, en même temps que la poudre et les capsules.

Un fusil *(Al Baroud)* se paie d'un mehari ;

Un kilogramme de poudre *(Idjil,* ou *Atou)* indigène vaut 4 francs ;

Un kilogramme de poudre anglaise vaut, au Touat, deux douros (10 francs) ;

Une boîte de cent capsules *(Tadar',* pluriel *Tidar'in)* vaut, à In Salah, environ 40 centimes.

Quelque répandu que soit l'usage des armes à feu, les Touareg de l'Ouest n'ont pas encore, pour cela, abandonné leur ancien armement qui se compose des pièces suivantes :

TILAK. — Poignard, long d'environ 60 centimètres, dont le fourreau est muni d'un large bracelet en cuir qui permet de porter l'arme sous l'avant-bras gauche, la poignée (en forme de croix) à hauteur de la main, la pointe dans la direction du coude. Le *Tilak* se fabrique dans l'Aïr, et aussi à In Salah. Généralement, les fourreaux de l'Aïr sont en cuir noir, ceux d'In Salah en cuir rouge. Un *Tilak* se paie de 20 drâa de cotonnade.

TAKOUBA. — Épée à deux tranchants, lame plate et large, poignée en forme de croix. Même provenance que le *Tilak*. Une *Takouba* s'échange contre un âne.

ALLAR'. — Sagaie, entièrement en fer. Elle est barbelée sur une longueur de 20 centimètres environ, au-dessous de la pointe dont la forme est très élégante, et terminée, à l'extrémité opposée, par une partie plus large, aplatie en forme de spatule, que surmonte un bourrelet métallique. C'est quelquefois une arme de hast, mais surtout une arme de jet (1); une fois lancée, elle est perdue pour le combattant qui met aussitôt la *Takouba* à la main. L'*Allar'* se fabrique spécialement dans les ksour de Taoua et Tir'ima, chez les Ouelimmiden, « entre Tin Bouktou et le Soudan, mais plus près du Soudan. » Nous n'avons trouvé Tir'ima sur aucune carte. Peut-être Taoua est-il le Tagoua de la carte de l'Afrique occidentale du Ministère des Travaux publics, point situé près des chutes du Niger et un peu au Nord de Gogo. Une *Allar'* se paie d'une pièce entière de cotonnade (2).

TAR'DA. — Lance en fer aux deux extrémités ; hampe en bois de *Tamat*. S'emploie comme arme de hast. Elle se fabrique plus particulièrement dans l'Adr'ar, chez les Ifor'ass ; on ne lui attribue aucune valeur, en raison de sa fragilité.

TADJAIHI. — Arc, fait d'un bois léger appelé *Kinba* (essence inconnue).

TINASSABIN. — Flèches barbelées, en fer, sur corps en roseau, non empennées. Elles ne sont pas empoisonnées.

TITAR. — Carquois, en peau de zébu.

---

(1) C'est pourquoi nous avons traduit *Allar'* par *Sagaie*, et non par *Lance* qui nous a paru moins exact.

(2) La pièce, *Tebour'it* est de 44 *dráa*, soit de 22 à 25 mètres.

Ces trois derniers objets ne s'emploient plus chez les Touareg de l'Ouest. Leur valeur est inconnue. Ils se fabriquent à Damergou, au sud d'Agadès (carte de l'Afrique occidentale, déjà citée), et dans un village qui appartient à la tribu des Izran, village « *situé dans un pays qui produit une très grande quantité de Bechena.* »

AR'AR' (en arabe *Derga*). — Bouclier en peau d'antilope mohor *(Ienner)*. On en fait aussi avec la peau d'un autre animal que les Arabes de l'Ouest désignent sous le nom d'*Ouerk,* et les Touareg sous celui d'*Isem.* Bien qu'*Isem* soit le nom du lion en langue tamahaq, ce n'est pas du roi des animaux qu'il s'agit, nous avons déjà dit pourquoi. L'*Isem,* ou *Ourek,* dont la peau sert à faire les boucliers, paraît être un buffle. L'Ar'ar' se fabrique dans l'Aïr ; sa valeur est représentée par deux pièces de cotonnade.

XVI

Harnachement — Objets divers

—

Le harnachement des rares cavaliers de la confédération est exactement semblable à celui des cavaliers Arabes. Il s'achète à In Salah ou au Touat. Nous ne nous occuperons donc que du harnachement du mehari, qui est moins connu.

Il se compose des pièces suivantes :

TERIK (en arabe *Rahla*). — Selle du mehari, à dossier, avec pommeau surmonté d'une croix; ne comporte pas d'étriers, l'homme ayant les jambes croisées sur le cou de sa monture. Se fabrique dans toutes les tribus de l'Aïr, et en trés grande quantité. Se paie d'une pièce de cotonnade.

ASSEKRAD. — Sorte d'éperon; il consiste en une tige de fer, longue de quinze centimètres environ, fourchue, recourbée à son extrémité antérieure, et emmanchée dans une poignée en bois. L'*Assekrad* s'attache, par une lanière, au poignet droit de l'homme qui s'en sert pour exciter sa monture. Se fabrique partout. N'a aucune valeur.

KEŚKABOU. — Mors du mehari, en fer, ordinairement surmonté d'un ornement en cuivre faisant saillie sur le nez de l'animal.

TIR'OUNIN. — Bride du mehari. Elle est fort longue et formée de lanières de peau de chèvre teintes et tressées ; toutes les femmes Touareg savent faire ces brides. Aucune valeur marchande.

7

IGARROUI. — Sorte de long fourreau en cuirs de diverses couleurs, agrémenté de longues et nombreuses lanières ; se suspend à la selle et, mis en mouvement par la marche, excite le mehari tout en écartant les mouches. Le corps est en peau de zébu, les ornements sont en peau de chèvre. On y place la *Takouba* et les autres armes dont on n'a pas à faire usage immédiatement. L'*Igarroui* se fabrique dans l'Aïr, à Idjadah, ksar qui appartient à la tribu des R'ali. Sa valeur est représentée par une pièce et demie de cotonnade.

OBJETS DIVERS

TAHATINT. — Boîtes en peau de zébu, à compartiments, affectant la forme d'une gargoulette. Se fabriquent à Idjadah. Deux *Tahatint* s'échangent contre dix drâa de cotonnade.

ADAFOUR. — Coussins en cuir, de diverses couleurs (ordinairement rouge, jaune et noir), de forme longue, ronde ou carrée. Les coussins longs viennent d'Agadès, les autres de Kiloui (?), dans le Soudan. Leur prix moyen est de dix drâa de cotonnade.

TR'ALLEBT. — Porte-monnaie aumônière, en *Filali*, brodé en soie. Se fabrique à Tamentit, village du Touat ; on en fait de toutes dimensions. Un *Tr'allebt* de dimensions moyennes vaut un douro (5 francs).

EL KILLA. — *Frechia* (couverture) en coton. Se fabrique à Tin Bouktou. Ce sont des bandes, larges de quinze centimètres environ, cousues ensemble dans le sens de la longueur. Les couleurs les plus employées sont le bleu indigo et le blanc ; l'ajustement des bandes permet de donner au dessin diverses dispositions ; le damier est très usité. La valeur d'une *Killa* est équivalente à celle d'un âne.

XVII

Musique — Jeux

La musique est fort primitive ; les seuls instruments dont il soit fait usage sont les suivants :

IMZAD (la *Rebaza* des Arabes). — Violon à une seule corde ; il se compose d'une sorte de plat creux, en poterie, de forme circulaire, recouvert d'une peau d'agneau, de chevreau ou de gazelle, tendue et percée de deux trous. La corde est tendue sur un manche en bois, qui traverse le corps de l'instrument. On joue de l'*Imzad* avec un archet *(Tadjhani)* formé d'une corde tendue sur une baguette de bois recourbée aux deux bouts.

ZEMAMIRA. — Flûte en roseau, longue d'environ 50 centimètres. La *Zemamira* est quelquefois formée de deux roseaux accouplés.

TAZAMMART. — Petite flûte en roseau, comme celle dont les bergers arabes font usage.

GANGA. — Tambour de basque, à l'usage des femmes.

AT TEBEL. — Tambour (instrument de guerre). Il est en bois, cylindrique et fermé par deux peaux de batterie. On le frappe d'une ou de deux masses *(Itkar)*. L'*Itkar* se compose d'une pierre ronde, placée au bout d'un bâton et maintenue par des peaux mouillées qui enveloppent tête et manche, et qui, en séchant, les rendent inséparables. C'est à l'aide du Tebel qu'on indique, en campagne, les mouvements de l'ennemi. Il y a plusieurs batteries ; ainsi, quand on ne frappe qu'avec un *Itkar*, c'est qu'on n'a affaire qu'à des fantassins ; si on frappe avec deux, c'est de la cavalerie qu'on a devant soi.

Les nègres et les jeunes enfants seuls chantent. Les enfants Touareg cessent de chanter quand ils ont atteint l'âge du jeûne.

JEUX

Les enfants jouent entre eux à la balle. Celle-ci est faite d'un haïk roulé en boule : chacun cherche à toucher son adversaire et à éviter d'être touché par lui. Ils se livrent au même jeu, avec de longues baguettes qui représentent l'*Allar'* (sagaie). Ces jeux sont de véritables exercices militaires ; ils se pratiquent en dehors des campements, « en terrain varié » ; garçons et filles y prennent part.

Les hommes entre eux jouent le *Karat*. C'est une sorte de jeu de dames : le damier se compose de 42 trous creusés dans le sable et disposés en un quadrilatère (7 sur 6). Les joueurs, au nombre de deux, disposent chacun de 18 pions représentés par de petites pierres ou des noyaux de dattes ; chaque joueur a, à côté de lui, un nombre illimité de parieurs, qui le conseille au besoin.

Les femmes ont un jeu identique, mais le damier ne comporte que huit cases.

La danse n'est pratiquée que par les nègres.

XVIII

Mœurs et Coutumes

Les Touareg de l'Ahnet, en tant que chefs de famille,
sont des nomades à parcours restreint. Leurs campements et leurs troupeaux se déplacent, suivant les
besoins du moment, mais sans sortir de la région que
nous avons décrite ; seuls, les propriétaires des palmiers
de Silet vont s'installer momentanément, avec leurs
tentes, dans cette oasis, à l'époque de la maturité des
dattes : c'est l'exception qui confirme la règle.

Mais si les familles sont relativement sédentaires, il
en est tout autrement des individus.

Que leurs affaires les appellent au loin, qu'ils aient un
coup de main fructueux en perspective, une offense à ven-
ger ; on les voit, en toutes saisons, faire des voyages
ou des expéditions à des distances invraisemblables.
Nous ne citerons qu'un exemple : pour venir r'azzer les
chameaux des Mouadhi à Daïet ed Drina, le 7 août 1887,
les Taïtoq et Kel Ahnet ont franchi, en dix-sept jours,
une distance de plus de 850 kilomètres, et cela dans les
jours les plus chauds de l'année.

Les Touareg de l'Ahnet vivent sous la tente ; ils n'ont
ni village, ni maison, ni gourbi ; ils ne cultivent pas :
ce sont des pasteurs et des guerriers.

Leurs tentes, de même forme, mais plus petites que
celles des Arabes, sont, comme celles-ci, disposées sur
la circonférence d'un cercle dont le centre est occupé, la
nuit, par les troupeaux.

La tente est faite de peaux de Zébu et de mouton ; elle

constitue un abri fort insuffisant contre les ardeurs d'un soleil de plomb et aussi contre les intempéries du Sahara.

Quelque peu confortable que soit cet abri, le Targui y naît, y vit, y meurt.

NAISSANCE

On a vu, déjà, qu'il n'y a pas de médecin dans l'Ahnet; il n'y a pas davantage de sage-femme. La femme Targuie, au moment de sa délivrance, est assistée par sa mère, par ses sœurs et par les autres femmes de la famille. Quand les choses se passent normalement, cette aide lui suffit; dans le cas contraire, on laisse agir la nature et, trop souvent, l'enfant ou la mère, ou même tous deux succombent.

La naissance d'un enfant, quel que soit son sexe, est l'occasion de réjouissances; toutefois, il n'est tiré de coups de fusil, que si c'est un garçon. La famille et les amis sont invités à un repas qui a lieu sept jours après la naissance.

L'enfant reçoit un nom propre, auquel il ajoutera celui de son père, précédé du mot *ag* (fils) ou *ouelt* (fille). C'est le mot *Ben* (ou *Bent*) des Arabes.

Les noms propres les plus répandus sont:

Pour les garçons :

Abdallah.	Ben Kedda.
Aggour.	Biska.
Ahmadou.	Boudda.
Ahmed.	Bougouam.
Akhir.	Brika.
Aksen.	Chekoukadh.
Alakhmoth.	Chikkadh.
Amoumen.	Ededdel.
Bâadja.	El Hadj Ahmed.
Barka.	El Hamdou.

El Khoussini.

Embarek.

Fadhma.

Ferradji.

Ibrahim.

Idhem.

Ir'mar'.

Kenan.

Mahmed.

Maïess.

Mastan.

Mohammed.

Moumen.

Rabah.

R'ali.

R'ebelli.

Rezk.

R'lilou.

Saddok.

Saïd.

Ser'ada.

Tachcha.

Tissi.

Pour les filles :

Agaïdou.

Aguida.

Aïcha.

Amenna.

Baguena.

Bakhouta.

Bakka.

Chebettouh.

Djidji.

Embarka.

Fadhma.

Fatenna.

Fathma.

Fathma-Zohra.

Fenkana.

Fiyoukan.

Kanimana.

Khagui.

Mettou.

Samitata.

Sidiya.

Sokkan.

Tamloukad.

Tekhiat.

Tekhoullet.

Telamoust.

Telkhoussant.

Ter'assemt.

Ter'oulit.

Tin Didouan.

Tin Houtout.

Zohra.

Bien que la langue tamahaq et l'idiome parlé en Kabylie ne soient que des dialectes d'une même langue, le berbère, on remarquera que, dans les listes qui précèdent, il se trouve beaucoup plus de noms arabes que de noms kabyles ; il est même assez curieux que le nom

propre féminin *Tessâdit* (Félicité), très répandu en Kabylie, n'y figure pas. Nos prisonniers nous ont affirmé
qu'il n'était porté par aucune femme de l'Ahnet.

On remarquera aussi que le nom propre *Fadhma* se
donne aux enfants des deux sexes.

ENFANCE

L'enfant est allaité par sa mère, et celle-ci ne renonce
à ce devoir que si elle y est contrainte par une impossi-
bilité matérielle absolue.

Les garçons sont circoncis quand ils commencent à
marcher ; une nouvelle fête est donnée à cette occasion.

Les enfants des deux sexes sont élevés et instruits
par leur mère. Le mariage seul sépare celle-ci de ses
filles.

JEUNESSE

Quand le jeune garçon a atteint l'âge du jeûne (14 ans
environ), il suit son père dans ses voyages, quelquefois
même dans ses expéditions ; mais, quelle que soit sa
valeur, quelque service qu'il ait pu rendre, il n'est pas
admis à prendre part aux délibérations de la djemâa,
avant un certain âge qui correspond, à peu près, à notre
majorité.

Le jeune homme ne quitte la tente paternelle qu'au
moment de son mariage.

MARIAGE

Le mariage ne se contracte qu'à l'âge où il peut être
effectif ; on ne marie pas, comme le font les Arabes, des
enfants non nubiles appelés à ne cohabiter qu'après un
temps plus ou moins long. Ordinairement même, l'homme ne se marie guère avant 28 ou 30 ans, la femme avant
18 ou 20.

La demande en mariage est faite, au père de la jeune fille, par un marabout ou un homme considéré, qu'il soit ou non l'ami des deux familles.

Le futur constitue une dot qui ne peut comprendre moins de six chameaux, une négresse et un vêtement complet. Suivant sa fortune, il ajoute à ce minimum des troupeaux, des étoffes, des bijoux, etc... Le tout est remis, le jour même du mariage, au père ou à la mère de la jeune fille.

Le mariage se contracte devant l'Alem, ou, à son défaut, devant trois Kebar au moins.

Les fêtes données à cette occasion ont beaucoup d'analogie avec celles qui accompagnent les mariages arabes. La fiancée, si sa demeure est proche, est amenée à la tente nuptiale, à pied, par les femmes des deux familles. Si le trajet est long, il se fait à dos de mehari : la fiancée et toutes les femmes de sa famille prennent place dans des palanquins, *Tihadad* (BASSOUR, en arabe); les hommes, à pied, conduisent les montures. La marche est calculée de manière à ce que le cortège arrive à la tente du mari à l'instant du dohor (1) ; à ce moment, on tire quelques coups de fusil.

On a choisi, d'avance, un terrain plat et découvert. Les femmes de la tribu, parées de leurs plus riches costumes, se groupent sur un point, et les hommes, montés sur leurs mehara, défilent devant elles, par deux, par quatre, par six, etc., à diverses allures, mais sans brûler de poudre. Cette fantasia dure jusqu'au coucher du soleil. A ce moment, tous les hommes se réunissent, font face au groupe des femmes et tirent d'abord une salve, puis chacun trois ou quatre coups de feu, sans se régler les uns sur les autres.

Enfin, un plantureux repas est servi aux assistants.

Ces fêtes, suivant la fortune de ceux qui en font les frais, durent de un à sept jours.

_____

(1) Une heure après midi.

SORT DE LA FEMME

Le mariage accompli, quel est le sort de la femme ?
M. Duveyrier nous le dit en ces termes (1) :

« S'il est un point par lequel la société Targuie diffère de la société
» arabe, c'est par le contraste de la position élevée qu'y occupe la
» femme comparée à l'état d'infériorité de la femme arabe.

» Chez les Touareg, la femme est l'égale de l'homme, si même, par
» certains côtés, elle n'est dans une condition meilleure.

» Jeune fille, elle reçoit de l'éducation.

» Jeune femme, elle dispose de sa main, et l'autorité paternelle
» n'intervient que pour prévenir les mésalliances.

» Dans la communauté conjugale, elle gère sa fortune personnelle,
» sans être jamais forcée de contribuer aux dépenses du ménage, si
» elle n'y consent pas; aussi arrive-t-il que, par le cumul des produits,
» la plus grande partie de la fortune est entre les mains des femmes...

» Dans la famille, la femme s'occupe exclusivement des enfants,
» dirige leur éducation.

» Les enfants sont bien plus à elle qu'à son mari, puisque c'est son
» sang et non celui de l'époux qui leur confère le rang à prendre dans
» la société, dans la tribu, dans la famille.

» En dehors de la famille, quand la femme s'est acquis, par la rec-
» titude de son jugement, par l'influence qu'elle exerce sur l'opinion,
» une sorte de réputation, on l'admet volontiers, quoique exception-
» nellement, à prendre part aux conseils de la tribu. Libre de ses actes,
» elle va où elle veut, sans avoir à rendre compte de sa conduite,
» pourvu que ses devoirs d'épouse et de mère de famille ne soient
» pas négligés.

» Son autorité est telle que, bien que la loi musulmane permette la
» polygamie, elle a pu imposer à l'homme l'obligation de rester mo-
» nogame, et cette obligation est respectée sans aucune exception. »

. . . .

Tout cela, d'une manière générale, s'applique aux
femmes des Touareg de l'Ouest. Cependant, soit que nos
prisonniers aient cru devoir attribuer à leur sexe une
indépendance d'allures qu'il n'a pas, soit que, réellement,
l'influence morale de la femme soit moins puissante
chez eux que dans les confédérations du Nord, ils affirment que jamais une femme n'est admise à donner son
avis dans les conseils de sa tribu ; ils ajoutent que, dans
la famille, c'est l'homme qui est le chef et le maître de la
communauté, et enfin que, dans certaines circonstances,

---

(1) *Les Touareg du Nord*, page 339.

il fait sentir assez brutalement son autorité. N'y a-t-il pas, dans ces allégations, plus de forfanterie que de vérité ? L'homme est le même dans toutes les sociétés, et quand il subit l'ascendant du « *sexe faible* », le respect humain l'empêche toujours d'en convenir.

Quoi qu'il en soit, à l'exception des Tedjéhé Nefiss, des Ikerramouïen et des Issokenaten, qui usent de toutes les latitudes accordées par le Koran (1), les Touareg de l'Ouest, nobles, imrad, iradjenaten, sont monogames. « *Un homme qui épouserait deux femmes à » la fois*, disent-ils, *attirerait la mort sur sa tente.* »

Notons encore que les femmes mangent avec leur mari, ce qui est une dérogation aux usages musulmans.

M. Duveyrier, tout en faisant ressortir combien la monogamie relève le niveau moral de la société targuie, émet quelques doutes sur la pureté absolue des mœurs des tribus qu'il a visitées, et il base son opinion sur des faits constatés aux environs de R'adamès (2).

Rien de semblable n'existerait chez les Touareg de l'Ouest. La prostitution est chose inconnue, et la femme qui s'y livrerait serait immédiatement mise à mort, par ses parents eux-mêmes (3).

C'est au cours de leurs voyages à Akabli, à In Salah, que les jeunes gens, très réservés dans leur pays, donnent libre carrière à la fougue de leur tempérament et contractent, parfois, ces affections que nous avons signalées quand nous nous sommes occupé des maladies.

---

(1) Un musulman peut épouser quatre femmes légitimes, et posséder autant de concubines que sa fortune lui permet d'en entretenir.

(2) *Les Touareg du Nord*, page 429.

(3) C'est aussi ce qui se passait en Kabylie avant et même encore après la conquête. Nous avons eu à poursuivre, à Sétif, en 1872, un homme des Beni Yala qui avait ainsi sacrifié sa sœur, sur l'ordre du chef de la famille. Rien de plus émouvant que cette affaire, où le père et le fils, avouant franchement le meurtre, pleuraient la victime tout en croyant avoir accompli un devoir.

DIVORCE

Le divorce est chose assez rare ; il est prononcé, pour ou contre le mari, soit par l'alem dont l'intervention n'est pas obligatoire, soit par quatre arbitres (deux pour chacun des époux), qui jugent après avoir entendu les parties et leurs témoins.

Si le divorce est la conséquence des torts du mari, la dot qu'il a fournie au moment de la célébration du mariage reste acquise à la femme.

Dans le cas contraire, celle-ci doit restituer.

La femme divorcée ne peut se remarier qu'après une attente légale dont la durée est fixée à trois mois seulement.

Ajoutons que les Touareg de l'Ouest n'admettent pas qu'un enfant puisse « dormir dans le sein de sa mère » au delà du terme de neuf mois ; la plaisanterie du *Bou Reqoud* n'aurait chez eux aucun succès (1).

MORT — ENTERREMENT

Le Targui ne craint pas la mort ; quand il sent approcher sa fin, il réunit autour de lui sa femme, ses enfants, ses parents, et leur adresse ses dernières recommandations ; puis, conformément aux principes religieux, qu'il a peut-être un peu négligés au cours de son existence aventureuse, mais qu'il se rappelle au moment suprême, il prononce le *Touhid* (2), ou, s'il n'en a plus la

---

(1) « ... Les femmes divorcées... deviennent quelquefois enceintes. » La loi musulmane n'a point voulu que les enfants nés de ces » femmes fussent privés d'un père, et a déclaré qu'ils appartien- » draient au dernier époux. C'est ce qu'on appelle vulgairement le » *Bou Reqoud* (l'enfant qui dort dans le sein de sa mère). Cette su- » percherie physiologique n'est admise que pour une durée de » quatre ou cinq ans. Les commentateurs ne sont pas d'accord sur ce » point. » (Lieutenant-Colonel Villot, *Mœurs, Coutumes et Institutions des Indigènes de l'Algérie,* Adolphe Jourdan, éditeur, pages 163 et 164).

(2) *Touhid* : Affirmation de l'unité de Dieu. C'est la profession de foi islamique : « *La illah ila Allah, Mohammed rassoul Allah* ». « Il n'y a de Dieu que Dieu, Mohammed (est) le Prophète de Dieu. » — Cette formule se nomme aussi *Chahada* (témoignage).

force, il lève l'index de la main droite, et rend le dernier soupir.

Le corps est aussitôt lavé, à l'eau chaude, et cousu dans un linceul neuf dans lequel on introduit quelques aromates, quand la fortune du défunt le permet.

La fosse est creusée, comme celle des Arabes ; le corps y est placé sur le flanc droit, la face tournée dans la direction de La Mecque ; deux *chouahed* (témoins) en pierre, ou en bois, si la pierre fait défaut, sont placés, l'un à la tête, l'autre aux pieds. Le nom du défunt est gravé ou peint sur le premier, en caractères tamahaq (*Tifinar'*) (1).

On récite enfin quelques prières et les assistants, avant de se séparer, prennent en commun un repas funèbre.

SUCCESSIONS

La succession du défunt est ouverte aussitôt après son décès. Elle est réglée, sans délai, par l'Alem, d'après les principes suivants :

Avant toute chose :

I. Les habbous sont prélevés ;

II. Un sixième de la succession (habbous déduits) revient à la veuve, ou à la mère de la femme qui a précédé son mari dans la tombe.

Les cinq sixièmes restants (et la totalité de la succession, si la femme et la belle-mère sont décédées) sont répartis, savoir :

III. Par parts égales entre les enfants, si le défunt n'a laissé que des fils ;

IV. A raison de deux parts pour chacun des garçons et d'une part pour chacune des filles, s'il y a des enfants des deux sexes ;

_____

(1) Cette coutume est particulière aux Touareg de l'Ouest.

V. Si l'homme meurt sans enfant, à raison de deux parts pour chacun de ses frères, et d'une part pour chacune de ses sœurs ;

VI. Si les frères et sœurs sont décédés, les enfants des sœurs héritent seuls, à raison de deux parts pour chacun des garçons et d'une part pour chacune des filles ;

VII. La femme a pour héritier son mari ;

VIII. Si elle était veuve, sa fortune revient à ses enfants ;

IX. Si elle était veuve sans enfant, à son père ;

X. Si son père est décédé, à sa mère ;

XI. A défaut de ses ascendants directs, à ses sœurs et à ses frères ;

XII. Si ses sœurs et frères sont décédés, aux enfants de ses sœurs et, subsidiairement, à ceux de ses frères.

Le partage entre les enfants, frères, sœurs, neveux et nièces de la femme défunte se fait d'après les règles énoncées plus haut.

XIII. Si, après le partage, il reste un meuble ou immeuble qui ne puisse se diviser, un chameau par exemple, il devient la propriété collective et proportionnelle de tous les héritiers, à moins que l'un de ceux-ci ne le rachète à la succession, ce qui se fait le plus souvent.

XIX

Expéditions — Manière de combattre

Il nous a été impossible d'obtenir de nos prisonniers aucun renseignement sérieux sur les forces militaires dont disposent les tribus de l'Ar'rerf Ahnet.

Ils évaluent à huit mille le nombre de combattants que l'ensemble de la confédération (soit 21 tribus) peut mettre sur pied. Nous disons *sur pied*, et non *en ligne*, car, même en admettant comme exact ce chiffre qui paraît fort exagéré, il est certain que le plus grand nombre des combattants serait immobilisé par la nécessité de garder les campements disséminés sur d'immenses espaces.

Quant aux tribus qui habitent la région de l'Ahnet, elles pourraient armer deux cent cinquante combattants, auxquels viendraient se joindre dix guerriers des Sekakna et quinze des Mazil, soit un total de 275 hommes, dont la répartition par tribu nous reste inconnue.

Il n'y a, dans toute la confédération, que vingt chevaux :

7 appartiennent aux Taïtoq ;

1 est la propriété de Chikkadh ag R'ali, des Kel Ahnet;

12 appartiennent aux Ikerramouïen (imrad de Talak).

La race est petite, mais très résistante et très rapide.

Les expéditions sont de deux sortes :

ANNEMENR'I, ou AMDJER, la guerre proprement dite;

EDJEN, la r'azzia.

Dans la première, le combat est le but ; dans la seconde, il n'est qu'un incident. Dans l'une comme dans l'au-

tre, le Targui ne s'embarrasse d'aucun impedimentum ;
le mehari porte les vivres et la provision d'eau de son
maître, et c'est un fort léger bagage, car, en expédition,
on ne mange qu'une fois par jour, après l'arrivée au gîte.
Pas de tente, pas de réserve de vivres, partant, pas de
convoi. Tout le monde est monté, les fantassins ne pourraient suivre.

La troupe se met en marche groupée et précédée de
quelques éclaireurs.

Dans la guerre offensive, quand ceux-ci ont signalé
l'ennemi, on force la marche, tout en cherchant à se dis-
simuler le plus possible. L'action s'engage à coups de
fusil ; si l'ennemi tient, on l'aborde ; chacun lance l'Allar'
(Sagaie) qui est alors perdue pour le combattant, puis
on met le sabre à la main, et la lutte s'achève corps à
corps. Après l'affaire, le parti demeuré maître du champ
de bataille ramasse les armes.

Dans la guerre défensive, les éclaireurs cherchent à se
rendre un compte exact de la force de l'assaillant ; si
elle est trop supérieure, on évite le combat ; si on est
serré de trop près, on fait coucher les mehara en cercle
ou en carré (1), et on combat derrière ce rempart vivant ;
si, enfin, l'ennemi paraît en nombre inférieur ou a com-
mis une faute dont on puisse profiter, on passe de la
défensive à l'offensive.

Mais les guerres proprement dites sont l'exception ;
l'*Edjen*, la r'azzia, au contraire est très fréquente.

Toute la stratégie consiste : de la part des assaillants,
à surprendre les animaux au pâturage et à les enlever,
ce à quoi ils réussissent presque toujours ; de la part des
gens r'azzés, à reprendre leur butin aux pillards, et
à enlever à ceux-ci leur propres montures. Il arrive
très souvent, témoin l'affaire du 7 août 1887, qu'une
expédition commencée sous les plus heureux auspices

---

(1) Cette formation se nomme *Mrah* ; elle est connue et employée
dans tout le Sahara.

se termine par un véritable désastre pour ses auteurs.

Dès qu'une r'azzia a été exécutée, les capteurs tournent bride et emmènent le butin à toute vitesse, pour le mettre en lieu sûr; la troupe marche alors avec une ligne d'éclaireurs formant arrière-garde, et avec des flanqueurs si elle craint une attaque latérale.

Mais ces attaques, contre lesquelles on se garde, ne se produisent qu'exceptionnellement pendant la marche. Les gens r'azzés ne perdent pas leur temps à une poursuite qui offre peu de chances de succès; ainsi que l'ont fait les Mouadhi au Hassi In Ifel, ils s'efforcent de s'emparer d'un point d'eau où le r'azzou devra forcément repasser pour boire; de son côté, celui-ci donne à sa marche toute la rapidité possible, pour arriver à l'eau avant l'adversaire, et, en fin de compte, le dernier mot reste, généralement, au premier arrivé.

Si le r'azzou ne peut déloger du puits ceux qui l'occupent, il prend le parti d'abandonner son butin et ne cherche plus qu'à regagner son point de départ; mais, s'il est poursuivi, si ses propres montures tombent au pouvoir de l'ennemi, il ne rentrera dans ses campements que décimé par la plus horrible des morts : la mort par la soif.

Les expéditions se font en toute saison: pour la guerre proprement dite, on préfère l'hiver, parce que la température est plus supportable, la soif moins ardente, l'eau plus abondante; pour la r'azzia, au contraire, on choisit les jours les plus longs et les plus chauds de l'été. A cette époque de l'année, en effet, le manque de pâturages, la rareté de l'eau obligent tentes et troupeaux à se disséminer en petits groupes dont on a plus facilement raison.

Nous avons déjà décrit l'armement et l'équipement des Touareg, nous n'y reviendrons pas; nous ajouterons seulement que, contrairement à un préjugé assez répandu, leurs armes ne sont pas empoisonnées. Les blessures faites par l'*Allar'* n'en sont pas moins fort dangereuses, mais cela tient uniquement aux barbelures qui déchirent les chairs quand l'arme est retirée de la plaie qu'elle a faite.

XX

Instruction

A de très rares exceptions près, tous les Touareg de l'Ouest, hommes et femmes, savent lire et écrire.

Les femmes, déchargées par les esclaves de tout travail manuel astreignant, peuvent consacrer la majeure partie de leur temps à leur instruction propre et à celle de leurs enfants. Elles sont, en général et surtout chez les ihaggaren (nobles), plus instruites que les hommes; on en cite qui savent par cœur le Koran et Sidi Khelil. Tout ce qui peut s'apprendre en langue Tamahaq est enseigné, dans la famille, par la mère à ses enfants.

La langue arabe n'est pas très répandue; ainsi, sur nos six prisonniers, un seul la parle, mais il ne l'écrit pas : c'est Chikkadh ag R'ali, et il y a lieu de remarquer que cet homme est un amrid (serf). Kenan, Mastan, Tachcha, qui appartiennent à la famille du chef de la Confédération, Amoumen lui-même, neveu d'un marabout, ne parlent que le tamahaq.

Dans la région de l'Ahnet, l'arabe est enseigné plus spécialement à la Zaouïet at Tebel, dont nous avons parlé au commencement de cette étude.

La langue tamahaq s'écrit en caractères qu'on appelle TIFINAR'.

La forme des Tifinar' change quelquefois avec les dialectes; le tableau suivant indique les caractères employés par les Touareg de l'Ouest; nous avons placé, en regard, ceux que donnent le capitaine Hanoteau (1) et M. Duveyrier (2).

---

(1) *Essai de grammaire kabyle*, par A. Hanoteau, capitaine du Génie, adjoint au Bureau Politique des Affaires Arabes. — (1858. — Alger, Bastide ; Paris, Challamel, éd.). — Pages 361, 362.

(2) *Les Touareg du Nord.* — Page 388.

Forme			Équivalents		Nom des Tifinar'	Observations
D'après les Touareg de l'Ouest	D'après le C.el Hanoteau	D'après M. Duveyrier	Français	Arabe		

Lettres simples

Forme (Ouest)	Forme (Hanoteau)	Forme (Duveyrier)	Français	Arabe	Nom	Observations
⊙,⊡,⊟,⊞,	⊙ · ⊖	⊡,⊞,⊠	a	ا	a	
+	+	∴	b	ب	yab	
::	::	::	t	ت	yet	
×,✗,✕	⊹		kh	خ	yakh	
∨,∧,∩,∪,∏	⊔,∧,∩	∪,∩,∪,∏,∧	g (dur)	غ	yeg	
□,⊔,⊐	□,⊔,⊙	⊐	d	د	yed	
□,⊔	⊙,○	○,⊙	m	م	yem	
}{	néant		r	ر	yer	
⊱⊰	✗✗	✳	j	ز	yej	néant
‡	‡	‡	z	ژ	yez	
			zz	ز	yezz	
∃,Ε,E			dh	ض	yadh	
Σ,Ξ	ʒ·Σ·Ξ	Σ·Σ·Ϟ	i.y	ك	yaï	
∴			q	ق	yaq	
⊐⊏	⊐⊏·⊐⊏	⊐⊏·⊐⊏	r'	غ	yar'	fortement grasseyé
·⊥·	·:·	·×·	f	ف	yaf	
			yag		yag	
‖	‖	‖	el	ل	yel	
·····,⁝	⁝⁝	⁝	n	ن	yan	doublée, cette tifinar' s'écrit ‖ ou T pour n'être pas confondue avec la précédente
			h (deux)		yah	
néant	·:·	néant	ou	و	yaou	Les Touareg ne savent pas prononcer cette lettre;
néant	℥,Ⰿ,Ɜ,Ƅ	néant	h (dur)	ح	yah'	ils la remplacent par le son Kh et lui donnent la forme
néant	‡,⊕,○	néant	s (emph)	ص	yess	:: dans les mots arabes introduits dans leur langue.

Lettres composées

Forme (Ouest)	Forme (Hanoteau)	Forme (Duveyrier)	Français	Arabe	Nom	Observations
⊞,⊞,⊞	⊕	néant	bt	بت	yabt	Réunion du yab et du yet
⊞,⊞	néant	néant	mt	مت	yemt	du yem et du yet
⊞,⊞	⊖	néant	rt	رت	yert	du yer et du yek
⊞,⊞	néant	néant	dht	ضت	yodht	du yadh et du yek
⊞,⊞	néant	néant	ft	فت	yeft	du yaf et du yek
⊕	⊕	néant	st	ست	yest	du yeo et du yek
⊞	⊞	néant	lt	لت	yolt	du yel et du yek
T,T	T	néant	ut	نت	yeut	Ne pas confondre avec T doublé
⁝‖	néant	néant	uk	نك	yeuk	
néant	⊕	néant	cht	شت	yecht	Réunion du yech et du yek

à la rigueur ⊹ pourrait se traduire en arabe par T, mais cette dernière lettre a un équivalent exact.

On remarquera que plusieurs lettres arabes n'ont pas d'équivalentes parmi les Tifinar' employées par les Touareg de l'Ouest; ce sont:

ث	tsa.		ظ	d'a.
ح	h'a.		ص	s'àd.
ذ	dzal.		ع	àin.
ط	t'a.			

Le tamahaq s'écrit dans tous les sens: de bas en haut, de haut en bas, de droite à gauche, de gauche à droite; il en résulte que les tifinar' peuvent prendre toutes les positions (**E Ǝ m ɯ**); leurs formes sont assez variées pour qu'on puisse les distinguer les unes des autres; cependant, la confusion serait possible entre le yed (**⊔**) et le yem (**⊐**), et entre le yaq (**⋮**) et le yar' (**⋯**). Les Touareg de l'Ouest ont remédié à cet inconvénient: dans leurs écrits, les deux barres parallèles du yem (**⊐**) et les trois points du yàr' (**⋯**) sont toujours horizontaux, quel que soit le sens de l'écriture; les deux barres du yed (**⊔**) et les trois points du yaq (**⋮**) sont, au contraire, toujours verticaux.

Nos prisonniers ont écrit, devant nous, plusieurs lettres; généralement, ils écrivaient de bas en haut et tournaient ensuite le papier, pour lire de droite à gauche.

Un usage très répandu chez les Touareg de l'Ouest facilite beaucoup la lecture de leurs lettres: c'est celui qui consiste à isoler chaque mot par une boucle, comme dans l'exemple suivant (1):

B   A

(1) Cet exemple, dont la première tifinar' est en A et la dernière en B, est la suscription d'une lettre qui nous a été remise par nos

Par contre, quand ils ont tracé une phrase, ils commencent la suivante au-dessus ou au-dessous, à droite ou à gauche de la première, dans le même sens ou en sens inverse, sans se préoccuper des enchevêtrements qui en résultent. Aussi, pour peu qu'une lettre soit longue, faut-il parfois une certaine attention pour en découvrir le point initial et pour en relier les phrases entre elles (1).

Les lettres que s'écrivent les Touareg ne sont que très rarement datées et jamais signées. Leur authenticité s'établit au moyen de signes convenus *(tamatart)* qui consistent soit en lettres parasites, soit en fautes d'or-

---

prisonniers. Si nous la transcrivons de gauche à droite, pour plus de commodité, nous trouvons :

l q bt n	b i s ou l	n d ou d k	ce qui se prononce :
El qabtan	Bissouel	nediou dek	et ce qui se traduit :
Le Capitaine	Bissuel	nous irons avec toi	

h k n s k n	l kh r	ou n i d k	ce qui se prononce :
hak nesekken	el kheir	oua nei dek	et ce qui se traduit :
nous te montrerons	le bien	nous avons vu dans toi	

C'est une sorte de remercîment dont le sens français serait : Nous sommes tiens, et nous te montrerons que nous sommes sensibles à tes bons procédés.

L'auteur de cette lettre avait d'abord écrit ⎟⎤+⎣ ••• ‖ *El R'oftan*, au lieu de ⎟⊞⁝‖ *El Qabtan*. Le premier mot rend mieux la prononciation habituelle des gens de l'Ahnet.

(1) C'est intentionnellement que nous ne disons pas qu'ils écrivent en boustrophedon, c'est-à-dire alternativement de gauche à droite et de droite à gauche, de manière à former une ligne d'écriture continue décrivant une ou plusieurs courbes. L'expression ne nous paraît pas absolument exacte : elle implique, en effet, l'idée d'une régularité qui fait défaut dans la plupart des lettres que nous avons vu écrire.

thographe intentionnelles, soit dans la citation d'un fait connu de l'écrivain et du destinataire.

En calcul les connaissances sont très restreintes; la numération écrite est inconnue, il n'y a pas de chiffres; on compte sur les grains du chapelet.

Les noms des nombres sont les suivants :

1. — Dyen.
2. — Dessin (ou Senat).
3. — Karad.
4. — Kouz.
5, — Semmous.
6. — Sadis.
7. — Sah.
8. — Tam.
9. — Tezzah.
10. — Maraou.
11. — Maraou dyen.
12. — Maraou dessin.
13. — Maraou karad.
14. — Maraou kouz.
15. — Maraou semmous.
16. — Maraou sadis.
17. — Maraou sah.
18. — Maraou tam.
19. — Maraou tezzah.
20. — Senat temarouin.
21. — Senat temarouin dyen.
22. — Senat temarouin dessin.
23. — Senat temarouin karad.
24. — Senat temarouin kouz.
25. — Senat temarouin semmous.
26. — Senat temarouin sadis.
27. — Senat temarouin sah.
28. — Senat temarouin tam.
29. — Senat temarouin tezzah.

30. — Karad temarouin.
40. — Kouz temarouin.
50. — Semmous et temarouin.
60. — Sadis et temarouin.
70. — Sah et temarouin.
80. — Tam et temarouin.
90. — Tezzah et temarouin.
100. — Timirdi.
200. — Senat timirdi.
300. — Karad timirdi.
400. — Kouz timirdi.
500. — Semmous timirdi.
600. — Sadis timirdi.
700. — Sah et timirdi.
800. — Tam et timirdi.
900. — Tezzah et timirdi.
1.000. — Adjim.
10.000. — Maraou adjim.
100.000. — Timirdi adjim.

La numération ne va guère au-delà.

L'étude de l'histoire, à en juger par le bagage très exigu de nos prisonniers, est assez négligée, et les faits contemporains paraissent être les seuls dont on s'occupe.

En géographie, les connaissances ne dépassent pas les régions qu'on habite et les routes qu'on a parcourues; ainsi, nos prisonniers nous ont dit textuellement : « Nous connaissions de nom El Goléa, Ouargla, le Mzab, » mais nous pensions qu'après le Mzab on arrivait à » Alger; quand nous avons vu : après le Mzab, Laghouat; » après Laghouat, Djelfa; puis Boghar, puis Médéa, puis » Blida et encore d'autres Ksour, nous avons été très » étonnés, car nous en ignorions l'existence. » Mais, si les données générales leur manquent, les Touareg de l'Ouest, aidés par un esprit d'observation toujours en éveil et par une mémoire prodigieuse, connaissent leur pays jusque dans ses moindres détails et ont gardé un souvenir très précis des routes qu'ils ont suivies. Les cartes et les itinéraires qui accompagnent cette étude sont à proprement parler leur œuvre.

Dans leurs marches de nuit, fréquentes surtout à l'époque des grandes chaleurs, ils se guident sur les astres qu'ils connaissent parfaitement.

Les points cardinaux se nomment :

Le Nord, *Fouy.*
Le Sud, *Anchól.*
L'Est, *El Qablet.*
L'Ouest, *Idjedel en Tafouk.*

Mais, dans la pratique, on se sert très rarement de ces vocables ; on dit : Chour Tin Bouktou, direction de Tin Bouktou, Chour Akabli, Chour El Goléa, etc...

La division du temps est la même chez les Touareg de l'Ouest que chez les Arabes de l'Algérie. Leur année est l'année hégirienne *(Am el Arabi)* de 354 ou 355 jours; elle se nomme *Ouataï,* et ses douze mois *(Talli)* sont :

Tamessadoq,	Moharem, des Arabes.
Tallit Sattafet,	Safer.
Tallit Tar'rat,	Rebia el Ouel.
Aouhim iezzaren,	Rebia et Tsani.
Aouhim ilkamen,	Djoumad el Ouel.
Sarat,	Djoumad et Tsani.
Tin Tinselmin,	Redjeb.
Imezzihel,	Chaâban.
Azoum,	Ramdan.
Tisessï,	Choual.
Djermouhdan,	Dhou el Kada.
Tafaski,	Dhou el Hadja.

Les jours *(Ahel)* de la semaine *(Sadan)* se nomment :

El Itni, Lundi.
El Tenata, Mardi.

Anarda,   Mercredi.
El R'amis,   Jeudi.
El Djemet,   Vendredi.
Es Sebet,   Samedi.
El Had,   Dimanche.

Ce sont les noms arabes un peu défigurés.

Les heures de la journée sont :

Toufat,   El Fedjeur des Arabes,   Point du jour.
Ter'out,   El Alam,   Midi.
Tizzar,   Ed Dohor,   Une heure après-midi.
Takest,   El Aceur,   Instant médial entre midi et le coucher du soleil.
Ihâd,   La nuit, depuis l'instant où le soleil disparaît.

On remarquera que les Touareg de l'Ouest ne font pas, comme les Arabes, de distinction entre le coucher du soleil *(Maghreb)* et la tombée de la nuit *(Acha)* heure du repas du soir; la raison en est que, dans l'Ahnet coupé par le tropique et à plus forte raison au-delà, il n'y a presque pas de crépuscule.

Comme tous les pasteurs, les Touareg de l'Ouest connaissent parfaitement toutes les plantes qui croissent dans leur pays, leurs qualités nutritives ou leurs effets nuisibles.

En zoologie, ils ont des notions précises sur tous les animaux qui vivent à leur portée, et ils connaissent de nom la plupart des autres.

En minéralogie, ils sont tout à fait ignorants, soit que leur pays soit pauvre sous ce rapport, soit, ce qui paraît plus probable, qu'ils ne sachent ni apprécier ni exploiter les richesses de leur sol.

XXI

Industrie

Les Touareg de l'Ouest n'ont aucune industrie ; sauf quelques ustensiles de campement et de harnachement, tous les objets dont ils se servent sont des articles d'importation.

Ils font eux-mêmes leurs tentes, que nous avons déjà décrites. Les peaux qui doivent être employées à leur confection sont tannées à l'aide des fleurs du *Tamat* (acacia cavenia), qu'on fait sécher et qui, réduites en poudre, servent à saturer le bain dans lequel les peaux sont mises à macérer.

Les vêtements sont confectionnés dans la famille, avec des étoffes achetées hors du pays ; les hommes et les femmes savent les tailler et les coudre.

Il y a, dans la région de l'Ahnet, quelques forgerons, mais ils ne font que les réparations.

Il n'y a pas de bijoutier.

L'or est d'un usage moins rare que chez les Arabes, cela tient probablement à la proximité relative de Tin Bouktou ; presque toutes les femmes riches ont quelques bijoux en or.

XXII

Commerce

Le commerce que font les Touareg de l'Ouest est essentiellement un commerce d'échange.

Ils exportent :

1° dans la direction du Nord, les moutons, chèvres, zébus et les dépouilles d'autruches ;

2° dans toutes les directions, celle du Nord comprise, les chameaux, les ânes, le beurre et la viande salée.

Ils importent :

1° du Soudan, par l'échelle de Talak : le bechena, les boucliers, les vêtements confectionnés ou non, les étoffes, les armes blanches, la sellerie, etc. ;

2° d'In-Salah et de l'Aoulef : les dattes, les burnous, haïks, couvertures, cotonnades, etc... et les capsules.

3° du Touat les armes à feu et la poudre.

Leur grande ligne commerciale est celle de l'Aoulef par Akabli ; parfois ils poussent jusqu'à In-Salah ou jusqu'au Touat, mais c'est sur les deux premiers points que se concentre la majeure partie de leurs affaires.

Tous les ans, à l'automne, une grande caravane part de l'Ahnet, pour aller s'y approvisionner de dattes et de marchandises de toutes sortes.

Nous avons eu l'occasion, en parlant des esclaves, puis en donnant la nomenclature des armes, des pièces du costume, etc., de dire quelles sont les conditions ordinaires d'achat et de vente. Nous nous bornerons à rappeler que presque tout se paie en nature.

La monnaie est, en effet, chose à peu près inconnue chez les Touareg de l'Ouest; ils n'en font usage, et encore exceptionnellement, que lorsqu'ils vont à In Salah.

C'est, alors, le *Rial-Douro* qui sert de base à leurs calculs.

Le Rial vaut cinq francs de notre monnaie; ses subdivisions sont le *Ferak* (franc), ou une petite pièce en argent, dite *Oukya*; il faut dix-sept de ces pièces pour faire l'équivalent d'un Rial, ce qui donne à l'Oukya une valeur de 0 fr. 30 ou, plus exactement, de 0 fr. 297.

XXIII

Itinéraires

Les itinéraires qui terminent notre travail ne comprennent que les routes parcourues par nos prisonniers, celles sur lesquelles ils ont pu nous donner des détails précis (1).

Nous n'avons pu, malheureusement, recueillir aucun renseignement sur la route de Tin Bouktou, au-delà d'Ifernan, point situé dans l'Adr'ar', au Sud de Timissaou, et d'où cette route se dirige sur Mabrouk. — Aucun de nos prisonniers n'est allé plus loin dans cette direction.

Mabrouk, d'après ce qu'ils en savent, est un petit Ksar qui sert d'entrepôt aux Kili n Tebellia (tribu alliée de l'Ar'rerf Ahnet). Il n'y a pas de palmiers.

Des douze routes décrites, une seule n'a pu l'être que d'une façon incomplète, c'est celle de l'Adrar Ahnet à Taoudenni. Chikkadh ag R'ali, seul, a fait ce trajet, étant encore presque enfant; il ne l'a pas refait depuis. Ses souvenirs, assez précis sur certains détails, sont vagues sur d'autres, notamment sur le nombre des journées de marche qui séparent les points principaux de la route.

---

(1) Il va sans dire qu'aucune de ces routes n'est tracée, et que nous ne les avons représentées sur nos cartes, par un trait continu, que comme indication.

Pour cet itinéraire, comme pour les autres, nous avons dû nous en rapporter aux renseignements de nos prisonniers, qui nous ont répété à plusieurs reprises : « *Nous vous dirons tout ce que vous nous demanderez,* » *quand nous le saurons. Quand nous ne le saurons pas,* » *nous nous tairons, ne voulant pas vous tromper.* »

ITINÉRAIRE N° 1. — De **Tit** (Hoggar) à l'**Aoulef.** — 766 kilomètres environ.

Distance approximative		GITES D'ÉTAPE	EAU	BOIS	FOURRAGE	NATURE du TERRAIN	DESCRIPTION SOMMAIRE de LA ROUTE	OBSERVATIONS
du point de départ	d'une étape à l'autre							
»	»	Tit (point de départ).	Eau courante, abondante et bonne, dans l'Oued Iterass dont le lit est encombré de Tali (formium tenax).	Abondant. — Azour.	Abondant. — Tessendjelt, Toulloult.	»	Tit est une zeriba appartenant aux Hoggar ; quatre ou cinq maisons s'élèvent au milieu des gourbis. Ce village est habité seulement par des Harratin qui cultivent pour les Hoggar de fort beaux jardins où le figuier, la vigne, le bechna, l'orge donnent d'excellents produits L'importance de Tit est considérable, sa population serait plus nombreuse que celle de Ghardaïa qui est elle-même de plus de 10,000 habitants. — Pas de palmiers.	A 3 kil. N.-E. de Tit, il y a une autre petite zeriba, Tiour'arin ; on y cultive beaucoup de blé. Il n'y a pas de palmiers. — Aucun de nos prisonniers n'y est allé.

Distance approximative du point de départ	Distance approximative d'une étape à l'autre	GITES D'ÉTAPE	EAU	BOIS	FOURRAGE	NATURE du TERRAIN	DESCRIPTION SOMMAIRE de LA ROUTE	OBSERVATIONS
40	40	BELESSA	Ibenkar. — Eau excellente à 1 m. de profondeur, — nappe inépuisable s'étendant sous tous les terrains de culture, et formée par le cours souterrain de l'Oued Iterass.	Abondant en dehors des terrains cultivés. — — Ethel, Tamat. Absaq, Azour.	Très abondant. — Tessendjelt, Toulloult.	Terrain facile. — La route serpente dans les bas-fonds d'une petite chebka.	L'un des points de culture des gens de l'Ahnet, population d'Harratin cultivant, pour le compte des Touareg dont ils sont les khammès, le blé, l'orge, le bechna et même quelques plants de tabac. — Pas de palmiers.	
78	38	SILET	Ibenkar. — Eau excellente à 1 m. 50 de profondeur ... ... Tihoq.	Abondant en dehors de l'oasis.	Abondant. — Afezzou. Issin.	Route facile, entre deux lignes de hauteurs.	Silet est la seule oasis de palmiers que possèdent les gens de l'Ahnet. Ces arbres seraient en plus grand nombre qu'à El Goléa, on en en compte 6,485. Ils forment ... ... propriétaires des palmiers et à l'époque de la maturité des dattes seulement.	Voir, pour plus de détails, page 52.
110	32	AMEDED	Un puits très abondant dit Tin Dehar profondeur 5 m. — Eau excellente.	Néant.	En quantité moyenne. — Issin. Arassou.	Route facile — (Reg)	Sur l'Oued Iterass, qui, changeant de nom, devient ici l'Oued Ameded.	
142	32	TIN R'IT	Sans eau. — Après les pluies, quelques cuvettes rocheuses en gardent pendant quelque temps.	En quantité moyenne. — Tamat.	En quantité moyenne. — Tahar.	Route facile — (Reg)	Tin R'it est le nom d'une gara élevée près de laquelle passe l'Oued In Djidjou, qui descend du Hoggar, coupe la route et va se jeter dans l'Oued Amedjel.	
180	38	TAKOUÏAT	Sans eau	En quantité moyenne. — Ethel.	En quantité moyenne. — Issin, Tahar.	Sable et pierres, — terrain de chebka.	La route traverse la chebka dite Tidjelanin, pour arriver à Takouïat, sur l'Oued Amedjel qui descend du Hoggar et va se perdre dans le Tanezrouft.	

Distance approximative du point de départ	Distance d'une étape à l'autre	GITES D'ÉTAPE	EAU	BOIS	FOURRAGE	NATURE du TERRAIN	DESCRIPTION SOMMAIRE de LA ROUTE	OBSERVATIONS
212	32	TIN IDJAR	Sans eau.	Néant.	Abondant. — Issin, Tahar, Tessendjelt.	Route facile. — Terrain plat (Reg).	Tin Idjar est le nom d'une gara près de laquelle on campe.	
248	36	HASSI TAR'ADJAR'	Un puits profond de 5 m. 25 environ. — Eau abondante et bonne.	En quantité moyenne. — Ethel.	Abondant. — Toulloult.	Route facile. — Terrain plat (Reg).	Le Hassi Tar'adjar' est à proximité d'une gara, et près d'un ravin peu important, dit In Terbadjant, dont la tête est près de là et qui aboutit à l'Oued Tirchart.	
282	34	TIR'IGANIN	Sans eau.	Broussailles.	En quantité moyenne. — Tahar.	Route facile. — (Reg).	La route franchit d'abord une petite chebka, puis, à mi-chemin, passe entre deux gour. — Tir'iganin est sur un ravin sans importance dont la tête est près de là et	
			(Voir page 49.)	Absaq.	Toulloult.	(Reg).	l'Aïeou Inhar ou Sif Anef-fodjen, immense dune à arête tranchante.	aube dont la crête est tranchante à l'œil comme une lame de sabre.
380	38	KOUSSAB (dans l'Oued Amdja)	Un puits profond de 3 m. 25 environ. — Eau abondante mais légèrement saumâtre.	Abondant. — Absaq, Tamat, Ethel.	En quantité moyenne. — Toulloult.	(Reg). — Route facile.	La route suit la vallée, boisée dans cette partie, de l'Oued Amdja. Elle longe le pied de l'Adrar Ahnet qu'elle laisse à l'Est, et laisse à l'Ouest un gourd situé à environ 15 kil. du point de départ. Le puits de Koussab est en face du débouché de l'Oued Tegoulgoulet.	Un ghourd est un piton sablonneux, de forme conique.
420	40	TAMADA	Adjelmam. — Eau bonne et abondante.	Quelques absaq.	Un peu de Toulloult.	(Reg). — Route facile.	La route continue à suivre la vallée de l'Oued Amdja. L'Adjelmam de Tamada est au pied et à l'extrémité nord-est du Djebel Tar'aït.	
445	25	AHADJERIN	Sans eau.	Tamat en quant. moyen.	Un peu de Toulloult.	(Reg). — Route facile.	En quittant Tamada, la route gravit les berges de l'Oued Amdja et se développe dans la vallée qui sépare l'Acedjradh du Djebel Tar'it. Ahadjerin est près et à l'est de la gara dite Djebel Zrak.	

Distance approximative — du point de départ	Distance approximative — d'une étape à l'autre	GITES D'ÉTAPE	EAU	BOIS	FOURRAGE	NATURE du TERRAIN	DESCRIPTION SOMMAIRE de LA ROUTE	OBSERVATIONS
472	27	SEGGAFIH	Eau abondante et bonne au puits de Tikedabbatin, à 3 kil. est de la route. — Profondeur, 3 m. 50.	Néant.	Toulloult en quantité moyenne.	(Reg). — Route facile.	La route suit la même vallée. — On campe à Seggafih et on envoie les chameaux boire à Tikedabbatin, ou bien on va camper près du puits.	
497	25	TAR'DJERDJA	Adjelmam très considérable et toujours abondamment pourvu d'eau excellente.	En quantité moyenne. Ethel. Azour.	Toulloult abondant.	(Reg). — Route facile.	La route continue à suivre la même vallée et descend les berges de l'Oued Tar'djerdja pour arriver à l'Adjelmam, qui est situé au pied nord-ouest du Djebel Tar'it.	L'Oued Tar'djerdja est la suite de l'Oued Tar'it qui, lui-même, n'est que le prolongement de l'Oued Amdja grossi de l'Oued Massin.
533	36	TADR'EMT	Sans eau.	Néant.	Tahar, Toulloult, en quantité moyenne.	(Reg).	La route, après avoir suivi la vallée de l'Oued Tar'd...	
561	28	TIGUENTAR	Sans eau.	Néant.	Un peu de Toulloult.	(Reg). — Route facile.	La route se prolonge vers le nord ouest et quitte la vallée de l'Oued Tadr'emt à mi chemin.	
588	27	IN AR'LAL	Deux puits d'un faible débit. — Profondeur, 4 m. 25 environ. — Eau de bonne qualité.	Quelques absaq très clair semés.	Un peu de Toulloult.	(Reg). — Route facile.	Route en plaine. — On campe dans la vallée de l'Oued In Ar'lal.	
610	22	TILINGOUMA	Sans eau.	Néant.	Tahar, en quantité moyenne.	(Reg). — Route facile.	Aucun accident de terrain.	
635	25	TIRECHCHOUMIN	Un puits très abondant mais saumâtre; profondeur 1 m. 70 environ.	Azour. En assez grande quantité.	Tahar. Abondant.	(Reg). Route facile.	A 4 kil. du point de départ, la route s'engage dans une chebka dont elle suit les bas-fonds. Le puits de Tirechchoumin, dans la chebka, est fréquenté par toutes les caravanes qui vont à Tin Bouktou.	C'est à Tirechchoumin que se séparent la route directe d'Akabli à Tin Bouktou et celle d'Akabli à l'Adrar Ahnet; celle-ci descend au Sud-Est, tandis que la première va droit au Sud.

Distance approximative		GITES D'ÉTAPE	EAU	BOIS	FOURRAGE	NATURE du TERRAIN	DESCRIPTION SOMMAIRE de LA ROUTE	OBSERVATIONS
du point de départ	d'une étape à l'autre							
667	32	In Tounès	Sans eau.	Azour. — En assez grande quantité.	Un peu de Tahar.	(Reg) — Route facile.	La route continue à suivre les bas-fonds de la chebka dont elle sort un peu avant d'arriver à In Tounès.	
695	28	Ahrat	A 4 kil. environ à l'Ouest d'Ahrat, Aïn Baba Ahmed, source d'eau courante mais un peu saumâtre.	Forêt de Zéita.	Toulloult, Askaf. — Très abondant.	(Reg.) — Route facile.	Les Zéita bordent la route à droite et à gauche, et forment une petite forêt dont l'étendue n'a pu nous être indiquée ; toutefois, l'Aïn Baba Ahmed y étant englobée, on peut admettre que sa largeur est d'environ 8 kilomètres.	
721	26	Akabli	A 6 kil. d'Ahrat, sur la route et dans la forêt, Aïn Ter... A Akabli eau courante de bonne qualité et à profusion.	Oasis.	Oasis.	Route facile.	La route se déroule dans la forêt de Zéita d'où elle ne sort que peu avant d'arriver à Akabli.	Akabli est un faisceau d'oasis qui comprend six groupes d'habitations : 1° Le Ksar d'Akabli (1.200

...habitants) ...dépendance de la Zaouïa ech Cheikh Bou Naâma, de l'ordre de Mouley Taïeb. Ils sont en plaine, mais dominés par une grande dune. L'eau y est très abondante et d'excellente qualité. Les palmiers du Ksar et ceux de la Zaouïa ne forment qu'un seul groupe, arrosé par une foggara, et beaucoup plus important que l'oasis de Ghardaïa qui compte 71,000 palmiers ;

3° Le Ksar el Mansour. — Situé à environ 4 kilomètres Est d'Akabli (1,000 habitants) ; nombreux palmiers ;

4° Areg Chech (1,000 habitants) ;

5° Zaouïet Areg Chech (200 habitants). — Au Nord d'Akabli et à environ 2 kilomètres Ouest de Ksar el Mansour.

Ces deux villages, distants l'un de l'autre de 800 à 1,000 mètres, appartiennent à des marabouts de l'ordre de Mouley Taïeb. Leurs nombreux palmiers sont arrosés par cinq fegaguir. L'eau est excellente et très abondante ;

Distance approximative du point de départ	Distance approximative d'une étape à l'autre	GITES D'ÉTAPE	EAU	BOIS	FOURRAGE	NATURE du TERRAIN	DESCRIPTION SOMMAIRE de LA ROUTE	OBSERVATIONS
		AKABLI *(Suite)*						6° Sahel (500 habitants). — Ksar situé à environ 3 kilomètres ouest du Ksar d'Akabli. — Ses nombreux palmiers sont arrosés par trois ou quatre fegaguir. — Eau excellente et abondante.
								Si ces renseignements sont exacts, la population d'Akabli serait de 4,000 habitants environ. — Quant au nombre total de palmiers, il n'a pas été possible de l'apprécier. Il dépasserait celui des cinq villes du Mzab réunies qui est d'environ 140,000.
766	45	AOULEF	Eau courante à profusion et de bonne qualité.	Oasis.	Oasis.	(Reg.) — Route facile.	En quittant Akabli, la route prend une direction N.-O. Elle traverse un pays plat, sans aucun accident de terrain qui mérite d'être si...	L'Aoulef se compose de six Ksour et de douze groupes d'habitations de moindre importance. Le tout est disséminé, de même que les jardins de palmiers, sur une ... aisent.

Les Ksour sont :
Zaouïet Haïnoun 1.200 hab.
Ksar el Djedid.. 1.200 —
Takarrafi..... 1.200 —
Ksar ech Cheurfa 1.200 —
Timankaden..... 1.000 —
Zaouïet Mouley
Haïba... ..... 180 —

Les groupes moins importants sont :
Kasba Mouley Haïba ;
Kasba Bellal ;
Maïraf ;
Inher ;
Kasba Idjemâa ;
Kasba Mouley Abdel Malik ;
Zaouïa Mouley Sayed ;
Tiguidid ;
Kasba ouled El Hadj ;
Mahdiya ;
Akunous ;
Kasba Ali Cherif.

Chacun de ces groupes comprend l'habitation d'un marabout ou d'un personnage politique influent et celles de ses serviteurs immédiats.
L'Aoulef aurait au total 6,000 habitants et environ 200,000 palmiers.

Distance approximative du point de départ	d'une étape à l'autre	GITES D'ÉTAPE	EAU	BOIS	FOURRAGE	NATURE du TERRAIN	DESCRIPTION SOMMAIRE de LA ROUTE	OBSERVATIONS
»	»	AKABLI (point de départ).	»	»	»	»	»	Voir itinéraire n° 1.
18	18	TIT	Eau excellente et très abondante. — (Fegaguir).	Azour, Zéita. — En quantité moyenne.	Dhomran abondant.	(Reg). — Route facile.	En quittant Akabli, la route prend une direction nord-est, traverse un terrain plat et arrive à Tit, village de marabouts de l'ordre de Mouley Taïeb, qui compterait 1,600 habitants.	Voici la description qui nous a été faite de Tit : « Il y a plus de cent fegaguir, et les jardins de l'oasis renferment des vignes et des figuiers comme on n'en voit nulle part. » Le grenadier y croît également, mais en moins grand nombre que les autres arbres fruitiers. Comme ceux-ci, il se fait remarquer par sa croissance extraordinaire et la beauté de ses fruits.
50	38	INRAR (en Mellane)	Fegaguir.	Oasis.	Oasis.	(Reg). —	La route laisse successivement à l'O. l'Aïn Mitek... deux petits groupes de palmiers et quelques maisons sont à proximité de cette dernière source.	Le groupe d'Inrar dit aussi Mellane, comprend les Kasbat Ould Ahmed Djelloul; Kasbat ouled Hadga, disséminées dans une vaste forêt de palmiers. La population totale de l'Inrar serait de 1,200 habitants, le nombre de palmiers de 125,000.
108	52	IN SALAH	A profusion dans les fegaguir. — Eau de bonne qualité.	Oasis.	Oasis.	(Reg). — Facile.	On rencontre, à mi-chemin, l'Aïn Tokbara, source aujourd'hui tarie; plus loin, l'Aïn Sissa que signale un palmier très élevé ; l'eau en est abondante, mais saumâtre. On trouve, sur ce point, du dhomran en abondance et 7 à 8 azour (fersig). — La route se dirige ensuite sur la Sebkha d'In Salah qu'elle traverse en été et contourne en hiver. Le sel qui se forme dans cette Sebkha ne se récolte pas.	In Salah est le point le plus important du Tidikelt. Il est situé au pied du dernier gradin méridional du Tadmayt. C'est un groupe d'oasis qui se développent à l'est d'une longue Sebkha dans l'ordre suivant (du nord au sud) : Iguesten........ 650 hab. Hassi el Hadjar.. 200 — Sahela Foukania 500 — Sahela Tahtania. 150 — Miliana .... 100 — Zaouïa Sid El Hadj Belkacem. 100 — Ksar Djedid..... 100 — Kasba............ 200 — Ksar el Arab (ou Ksar el Kebir). 1.250 — Kasba Ouled Badjouda .... 100 — Ouled Belkacem. 200 — Ouled el Hadj... 250 —

Distance approximative du point de départ	d'une étape à l'autre	GITES D'ÉTAPE	EAU	BOIS	FOURRAGE	NATURE du TERRAIN	DESCRIPTION SOMMAIRE de LA ROUTE	OBSERVATIONS
		In Salah (Suite)						soit une population de 3,800 habitants environ (sédentaires). Les palmiers sont au nombre de 200,000 environ. Ces chiffres sont à peu près ceux donnés par M. le lieutenant Le Châtelier. (Description de l'oasis d'In Salah. — Alger, 1886, — Fontana, édit.) On peut les considérer comme s'écartant peu de la réalité. De plus longs détails sur In Salah ne sauraient trouver place dans un itinéraire; ils sortiraient d'ailleurs du cadre de cette étude et ne pourraient être que la reproduction de l'intéressante brochure de M. le lieutenant
			Elle est fournie par 5 fegaguir.		Askaf.	Est; elle laisse au Sud à une distance d'environ 8 kilomètres, Foggaret el Arab, groupe détaché d'In Salah, qui compte environ 150 habitants et 25,000 palmiers.		20,000 palmiers environ autour de laquelle une population de 300 individus se répartit entre quatre groupes d'habitations, savoir : Foggaret el Kebira. 200 hab. Zaouïet Mouley Haïba.......... 75 — Sillafen.......... 75 — Haïnoun.......... 10 — Habituellement, on ne fait qu'une halte à Foggaret ez Zoua et on va camper au Hassi Djedied.
158	12	Hassi Djedied	Eau abondante mais saumâtre fournie par un puits profond de 2 m. 50 environ.	Deux azour.	Abondant. — Askaf.	Facile.	La route continue à longer le pied du gradin méridional du Tademayt, qui s'en éloigne pour former au Nord un angle rentrant.	
176	18	Hassi el Moungar	Excellente et abondante, fournie par un puits profond de 7 mètres environ.	Absaq nombreux.	Toulloult abondant	Facile.	La route, en plaine, remonte le cours de l'Oued el Moungar, qui reste au Sud à environ 4 kilomètres et dont elle se rapproche à hauteur du Hassi.	Habituellement, on ne fait qu'une halte au Hassi el Moungar, et on va camper à Reha.

10

Distance approximative du point de départ	d'une étape à l'autre	GITES D'ÉTAPE	EAU	BOIS	FOURRAGE	NATURE du TERRAIN	DESCRIPTION SOMMAIRE de LA ROUTE	OBSERVATIONS
194	18	REHA	Sans eau.	Abondant. — Tamat. Ethel.	Abondant. Arassou, Afezzou.	Facile.	Au delà du Hassi el Moungar, la route et l'Oued sont parallèles ; la rivière fait un coude au Nord un peu avant d'arriver à Reha, qui est au pied même du Tadmayt et à l'entrée d'un ravin.	
229	35	AGUELMAM	Source saumâtre d'un faible débit.	Abondant. — Tamat. Absaq.	Abondant. Afezzou.	Facile.	La route remonte le ravin déterminé par le cours de l'Oued el Moungar, jusqu'au confluent de cette rivière avec l'Oued Aguelmam, qu'elle rencontre à 12 kilomètres environ. Elle remonte ensuite l'Oued Aguelmam jusqu'à sa source.	
291	62	OUED EL ETHEL	Sans eau.	Abondant. Ethel. Azour. Tabagat.	Abondant. Tessendjelt.	Accidenté. Petites ondulations.	En quittant la source d'Aguelmam la route gravit un ravin assez escarpé, long de 12 kilomètres environ et dont la direction est Nord... ...uent de l'Oued Sidi Moussa ben Aïch.	
321	30	OUDIAN DHOMRAN	Sans eau.	Abondant. — Retem.	Abondant. — Askaf. Un peu de Ficzzan.	Accidenté mais facile.	La route ne présente aucun point remarquable. Les Oudian Dhomran forment un groupe de crevasses dont la plus longue aboutit à l'Oued In Sokki.	Ordinairement, on ne fait qu'une halte aux Oudian Dhomran et on va camper à In Sokki.
336	15	HASSI IN SOKKI	Bonne eau, puits abondant. Sa profondeur est de 2ᵐ 50 au-dessus du niveau de l'eau, d'après le lieut.-colonel Flatters — Nos prisonniers l'évaluent à 5ᵐ en tout. — Il y a en outre des mechera (cuvettes) qui gardent l'eau assez longtemps, mais seulement dans les années pluvieuses.	Abondant. — Ethel. Azour. QuelquesTa-baqat.	Abondant. — Toulloult. Afezzou. Goddoum. (Cette dernière plante est une variété de reguig).	Facile. — Medjbed bien déterminé.	Le Hassi In Sokki est sur la route suivie par la 2ᵉ mission Flatters, il est à mi-hauteur des pentes nord du Tadmayt, et dans le lit de l'Oued dont il a pris le nom (d'Oued In Sokki). L'Oued In Sokki porte aussi le nom d'Oued Raoua). — Près du puits se trouve la mekkam de Sidi Abd-el-Kader-Bou Haous, marabout des Oued Sidi Cheikh.	A partir d'In Sokki, la route qui conduit à El Goléa est celle qu'a suivie le r'azzou dont faisaient partie les prisonniers (Voir itinéraire nº 5), avec cette différence toutefois qu'en quittant le Hassi In Riel, on se dirige sur Mechgurden et de ce point sur El Goléa. — Nos prisonniers n'ont pu nous donner aucun renseignement sur cette dernière partie de la route qu'ils ont faite dans les conditions qu'on connaît.

ITINÉRAIRE N° 3. — Du pied Est de **l'Adrar Ahnet** à **Ouahaïen** (point de concentration du r'azzou venu à Daïet ed Drina.) — 147 kilomètres environ.

Distance approximative (du point de départ)	(d'une étape à l'autre)	GÎTES D'ÉTAPE	EAU	BOIS	FOURRAGE	NATURE du TERRAIN	DESCRIPTION SOMMAIRE de LA ROUTE	OBSERVATIONS
12	12	In Tfinok	Ibenkar. — Eau bonne et abondante.	Abondant. — Tamat.	En quantité moyenne. — Afezzou.	Facile.	Du pied de l'Adrar Ahnet à In Tfinok, la route traverse la vallée de l'Oued Souf Mellel, puis elle pénètre dans le large et court ravin dit Oued Tfinok, affluent de droite de l'Oued Souf Mellel.	Les gens campés sur les divers points de la région de l'Ahnet et qui ont à prendre la direction d'Ouahaïen, se réunissent à In Tfinok; c'est ce qu'a fait une partie du r'azzou, tandis que l'autre, alors campée dans les jardins de Silet, se rendait à Ouahaïen, point de concentration choisi, par une route qui fera l'objet de l'itinéraire n° 4.
62	50	Tiridjanin	Sans eau.	3 ou 4 Absag.	Abondant. — Talar.	Facile.	A mi-chemin, la gara Tidjettiouin barre la route qui la contourne indifféremment par la droite ou par la gau... — à Tiridjanin, qui est...	
		Ouassen	Eau bonne et abondante.	Ethel, Tilouggalt.	Toulloult, Issin, Arassou.	Facile.	dans l'Oued Oussadert, qui vient d'Adjerar, point situé entre le Mouydir et le Hoggar, et va se jeter dans l'Oued Tirehart.	
147	40	Ouahaïen	Adjelmam. — Eau bonne et abondante dans les années pluvieuses. — Pas d'eau après les sécheresses.	Absaq, Adjar. — En assez grande quantité.	Assez abondant. Toulloult, Arassou.	Facile.	La route remonte pendant 25 kilomètres environ un ravin qui vient de Tala Ouhit et qui aboutit à l'Oued Oussadert. Elle se dirige ensuite, à l'Est, sur la ligne de gour qui domine Ouahaïen —Dans ces gour, il y a plusieurs adjelmam où on trouve de l'eau dans les années pluvieuses, mais qui sont à sec quand il n'a pas plu depuis longtemps.	

Distance approximative		GITES D'ÉTAPE	EAU	BOIS	FOURRAGE	NATURE du TERRAIN	DESCRIPTION SOMMAIRE de LA ROUTE	OBSERVATIONS
du point de départ	d'une étape à l'autre							
»	»	SILET (point de départ).	»	»	»	»	»	Voir itinéraire n° 1.
25	25	TIN DEHAR	Un puits profond de 5 m. environ. — Eau bonne et abondante.	Abondant. — Ethel.	Très peu. — Toulloult.	Facile.	La route coupe l'Oued Ameded, qui porte ici le nom d'Oued Tin Dehar. — Hauteurs à l'Est.	
57	32	IN DJIDJOU	Un puits profond d'environ 3 m. 50. — Eau bonne et abondante.	Abondant. — Ethel, Tebouraq. Quelques Tabaqat.	En quantité moyenne. — Toulloult.	Facile.	La route laisse toujours à l'Est la même ligne de hauteurs. On campe dans l'Oued In Djidjou, affluent de l'Oued Ameded.	
Pas 57		TINABAOUIN	Un puits prof... mais peu abondante.	Très abon...	Abondant.	Kreliq...	...de la route se terminent là.	
126	32	TIN FELKI	Un puits profond d'environ 3 m. 50. — Eau bonne et abondante.	Très abondant. — Ethel.	Très abondant. — Toulloult.	Facile.	La route serpente dans les bas-fonds d'une petite chebka. Tin Felki est sur l'Oued Amedjel.	
160	34	TIN AFTIOUIN	Sans eau.	Pas de bois.	Abondant. — Afezzou.	Facile.	Tin Aftiouin est situé sur l'Oued de ce nom, entre deux grands gour que sépare une journée de marche. A l'Ouest, entre la gara et la route, se trouve un allous (dune à artère tranchante).	
192	32	OUAHAÏEN	Adjelmam. — Eau bonne et abondante dans les années pluvieuses. — Pas d'eau après les sécheresses.	En assez grande quantité. — Absaq, Adjar.	Assez abondant. — Toulloult, Arassou.	Facile.	Hauteurs à l'Est, depuis le 16e kilomètre jusqu'aux gour d'Ouahaïen.	Voir itinéraire n° 3.

ITINÉRAIRE N° 5. — De **Ouahaïen** à **Daïet ed Drina**. — 854 kilomètres environ. — (Route suivie par le r'azzou qui a effectué le coup de main du 7 août 1887.)

du point de départ	d'une étape à l'autre	GITES D'ÉTAPE	EAU	BOIS	FOURRAGE	NATURE du TERRAIN	DESCRIPTION SOMMAIRE de LA ROUTE	OBSERVATIONS
»	»	OUAHAÏEN (point de départ).	»	»	«	»	»	Voir les itinéraires n°⁵ 3 et 4.
40	40	SIL EDR'AR	Sans eau	Quelques Tamat,	Abondant. — Alemmouz.	Facile. — En plaine.	Rien, sur la route, qui mérite d'être signalé. On campe au pied de la gara Sil Edr'ar.	Première journée de marche du R'azzou (22 juillet).
68	28	OUED MENYET	Un puits profond de 3 m. 50 environ. — Eau bonne et abondante.	Ethel, Azour nombreux. Quelques Absaq. — Tamat dans le cours supérieur de l'Oued	Abondant. . — Toulloult.	Facile. — En plaine.	La route franchit l'Oued Tirehart qui ne coule qu'après les pluies. — On n'y trouve pas d'eau en temps ordinaire même en creusant. — L'Oued Menyet descend du Mouydir; il est affluent de droite de l'Oued Tirehart.	
			trouve un peu dans de petits redirs bientôt desséchés.		Les Tirehartiers rectifient une erreur qu'ils ont commise à Ghardaïa. Le Te roummoul, le Tahar et l'Ir mass ne croissent pas, comme ils l'avaient dit, aux gour Tisselilin.		…Menyet…	…les heures de forte chaleur.
116	32	AMSIR	Sans eau. — On en trouverait en remontant l'Oued Amsir ; à 1/2 journée de marche de la route, il y a un Abenkour, dit Abenkour Amsir, dont l'eau est peu abondante, mais de bonne qualité.	3 absaq.	Tahar, en très petite quantité.	Facile.	En quittant les gours Tisselilin, la route prend une direction Ouest et gravit, en reprenant la direction Nord, le versant Sud du Mouydir, très escarpé de ce côté. Pour faire cette ascension, la route emprunte le lit d'un Oued qui descend du Mouydir et qui ne figure sur aucune carte. Son nom, s'il en a un, est inconnu ; il prend sa source entre celle de l'Oued Menyet dont il est affluent, et celle de l'Oued Tisselilin. — Amsir est au pied d'une dune et près d'un ravin sans issue dont la direction est Est-Ouest.	(Voir à la page 54, ce qui se rapporte au Mouydir). Troisième journée de marche du R'azzou (24 juillet).

ITINÉRAIRE N° 5. *(Suite.)*

Distance du point de départ	d'une étape à l'autre	GITES D'ÉTAPE	EAU	BOIS	FOURRAGE	NATURE du TERRAIN	DESCRIPTION SOMMAIRE de LA ROUTE	OBSERVATIONS
140	24	Ahouha	2 Ibenkar. Eau abondante et bonne	Azour, Armass, Ethel, nombreux. Quelques Tabaqat et Tamat.	Afezzou abondant. Un peu de Ftezzan.	Facile.	Ahouha est sur un ruisseau, l'Oued Ahouha, qui va à Tadjemout.	On n'a fait qu'une grand'halte à Amsir.
168	28	In Guezramen	Sans eau.	Quelques Tamat dans les Oudéi.	Un peu d'Afezzou,	Accidenté et difficile.	A partir d'Ahouha, la route traverse une région montagneuse; le terrain est très accidenté, la marche est fatigante. On campe dans les Oudéi d'In Guezramen.	
188	20	Ir'arr'ar Mellen	3 Adjelmam dont l'un est toujours plein; ils sont situés... L'eau est excellente.	Quelques Adjar.	Toulloult en assez grande quantité.	Accidenté et difficile.	Au delà des Oudéi d'In Guezramen, le terrain conserve son caractère accidenté. — On la marche est pénible. — On...	Quatrième journée de marche du R'azzou (25 juillet). On n'a fait qu'une grand'...
224	36	Oued Tin Serfadh	2 Ibenkar Eau saumâtre, en quantité moyenne.	Quelques Azour et Ethel	Toulloult abondant.	Accidenté, mais facile.	L'Oued Tin Serfadh, où on campe, a sa tête au Sud-Ouest, dans une hauteur innommée; il va se jeter au Nord, dans l'Oued Tin Sermar'. Le Djebel Tegoulgoulet, qui barrerait la route d'après certaines cartes, est à *deux journées de marche* à l'Ouest de cette route qui est à peu près rectiligne; de plus, le Djebel Tegoulgoulet s'élève sur le bord même du plateau du Mouydir dont il détermine, au Sud-Ouest, la ligne de partage des eaux; son orientation est la même que celle du bord du plateau (Nord-Ouest Sud-Est). Nos prisonniers sont revenus à plusieurs reprises sur ces détails, et leurs affirmations, très nettes, nous ont engagé à indiquer, sur notre carte d'itinéraires, la nouvelle situation qu'ils assignent au Djebel Teigoulgoulet.	Cinquième journée de marche de r'azzou (26 juillet). Il n'a pas été fait de grand'halte.

Distances approximative du point de départ	d'une étape à l'heure	GITES D'ÉTAPE	EAU	BOIS	FOURRAGE	NATURE du TERRAIN	DESCRIPTION SOMMAIRE de LA ROUTE	OBSERVATIONS
256	32	OUED TIN SERMAR'	Ibenkar. Eau un peu saumâtre, mais très abondante. On en trouve partout où on creuse.	Petite Forêt — Ethel. Azour.	Très abondaut. — Arassou, Toulloult, Tahar, Issin.	Facile — Route dans la vallée de l'Oued Tin Sermar'	L'Oued Tin Sermar' a sa source dans une gara située sur le Mouydir ; il se jette dans l'Oued Akaraba. — On trouve dans l'Oued Tin Sermar' le jonc des marais (typha angustifolia) que les Touareg appellent Akaïouad.	Sixième journée de marche du r'azou (27 juillet). Il n'a pas été fait de grand'halte.
281	25	OUED IDERGAN	A 3 kilomètres Est du camp, Aïn Bagli, source très abondante dans les Gour Roulet. Eau excellente.	Très abondant. — Ethel. Azour.	Toulloult, Arrassou, Issin, abondants Un peu de Tahar.	Accidenté, mais ne présentant aucune difficulté.	La route continue à suivre le cours de l'Oued Tin Sermar' qui, changeant de nom, devient l'Oued Idergan Elle franchit un petit lac dit Hadjeret el Aobar, où on remarque un énorme bloc rocheux qu'une légende prétend avoir été déplacé par un homme « très fort » pour donner passage au Medjbed. — L'Aïn Bagli est signalée par un très grand palmier et un buchau	
299	18	AÏN ER REDJAM	Source moins importante que l'Aïn Bagli mais assez abondante. — Ethel. Azour. Eau de bonne qualité.	Très abondant. —	Abondant. — Toulloult. Issin. Ftezzan.	Facile.	L'Aïn er Redjam est dans l'Oued Akaraba ; elle tire son nom d'une vingtaine de signaux en pierres sèches (Redjem) élevés, comme points de repère, sur la berge de la rivière.	Septième journée de marche du r'azou (28 juillet). On a fait une première grand'halte à l'Oued Idergan, et une seconde à l'Aïn er Redjam.
317	18	ABEDR'A	Sans eau.	Quelques Absaq.	Un peu de Toulloult et d'Issin. On trouverait beaucoup de Tahar à 1/2 journée de marche à l'Est du camp.	Facile.	Le camp s'établit dans l'Oued Abedr'a, petit affluent de l'Oued Akaraba.	
342	25	TAMERTAST	Pas d'eau en été. En hiver, après les pluies, quelques cuvettes gardent un peu d'eau, mais pendant quelques jours seulement.	Abondant. — Absaq. Tamat.	En hiver seulement. — Tahar.	Facile.	Tamertast est dans l'Oued du même nom, qui vient de Teganet et se jette dans l'Oued Abedr'a.	Huitième journée de marche du r'azou (29 juillet).

Distance approximative du point de départ	d'une étape à l'autre	GITES D'ÉTAPE	EAU	BOIS	FOURRAGE	NATURE du TERRAIN	DESCRIPTION SOMMAIRE de LA ROUTE	OBSERVATIONS
370	28	Oued Sidi Moussa	A 8 kilomètres environ à l'Ouest du camp, Aïn el Behaga, — source très abondante, eau très légèrement saumâtre.	Néant.	Tahar, en assez grande quantité. — Quelques touffes de Tessendjelt près de l'Aïn el Behaga.	Facile.	L'Oued Sidi Moussa vient du Khanguet el Hadid et se jette dans l'Oued Akaraba. — Les Ouled Ba Hammou d'In Salah et les Châanbaâ dissidents fréquentent beaucoup ce campement.	On a fait une grand'halte à Tamertast.
388	18	Tiouen Higuin	Source d'un faible débit, mais donnant une eau excellente.	Néant.	Néant.	Facile.	Tiouen Higuin est sur la crête du versant nord du Mouÿdir. — Les pentes de ce plateau, quoiqu'assez élevées, sont d'un accès facile. — A 1/2 journée de marche à l'Ouest de Tiouen Higuin, dans un ravin s'ouvrant au Nord et sans issue au Sud, se trouvent quelques palmiers aujourd'hui complètement abandonnés. — Quelques [...] descendant. — On ignore leurs noms et même celui de leur tribu d'origine.	Neuvième journée de marche du r'azzou (30 juillet). [...] nommé ne présentant aucune ressource ni en eau, ni en bois, ni en fourrage.
432	44	Oued Irès Mallen	Sans eau	Quelques Ethel et Azour	Abondant. — Toulloult.	Facile. — La route, après être descendue du Mouÿdir, se déroule en plaine.	Le camp est établi près du confluent de l'Oued Irès Mallen et de l'Oued Massin. L'Oued Irès Mallen, des Touareg, qui descend du Tadmayt, est désigné sous le nom de Ras Meliil par les gens du Touat, et sous celui d'Oued Farès Oum el Lil par les Châanbaâ.	
468	36	Ibenkar Irès Mallen	A Ibenkar — Mauvaise eau qu'on ne boit qu'à la dernière extrémité.	Abondant. — Azour, Absaq, Retem, nombreux. — Quelques Ethel.	Abondant. — Toulloult, Afezzou, Askaf, Armass, Arassou, Ftezzan.	Facile.	Route dans le lit, très large, de l'Oued Irès Mallen, qui reçoit de nombreux ravins.	Dixième journée de marche du R'azzou (31 juillet). On a fait une grand'halte aux Ibenkar.
480	12	Oued Irès Mallen	Sans eau.	Abondant. — Absaq, Tamat, nombreux. — Quelques Ethel.	Afezzou, Arassou, Askaf, abondants — Un peu de Toulloult.	Facile.	La route continue à remonter le cours de l'Oued Irès Mallen dans lequel on campe.	

Distance approximative		GITES D'ÉTAPE	EAU	BOIS	FOURRAGE	NATURE du TERRAIN	DESCRIPTION SOMMAIRE de LA ROUTE	OBSERVATIONS
du point de départ	d'une étape à l'autre							
510	30	EL MALHA	Abenkour. — Eau bonne mais peu abondante.	Quelques Absaq et Ta-mat.	Un peu d'As-kaf.	Facile.	La route, remontant toujours le cours de l'Oued Irès Mallen, gravit les pentes Sud du Tadmayt et, arrivée sur ce plateau, passe à El Malha, entre deux gour : l'un à l'Ouest l'autre à l'Est. — Sur le versant, opposé à la route, de la gara Ouest, se trouve une source salée, l' In El Malha, qui serait la tête de l'Oued Irès Mallen. — Toutefois, le R'azzou n'y étant pas passé, ce renseignement n'est donné que sous toutes réserves.	Onzième journée de marche du R'azzou (1er août). On a fait une grand'halte à El Malha.
540	30	OUED AKAÏKI	Ibenkar ne donnant d'eau que dans les années pluvieuses.	En assez grande quantité. Ethel, Azour.	Un peu de Toulloult.	Facile.	L'Oued Akaïki prend sa source dans la même gara que l'Oued Irès Mallen (Aïn Malha) mais il coule au nord, tandis que ce dernier coule au Sud. Si ce fait est exact...	...lée du R'azzou (2 août).
			...dant, profond de 2 m. 50 au-dessus du niveau de l'eau, d'après le lieutenant colonel Flatters, de 5 m. en tout d'après les prisonniers. — Mechera (cuvettes) gardant l'eau, mais seulement dans les années pluvieuses.	Ethel. Azour. Quelques Tabaqat.	Toulloult. Afezzou. Goddoum (variété de reguig).	Medjebed bien déterminé.	...sensible qui commence à 20 kilomètres environ au Sud du Hassi. — Celui-ci est sur la route suivie par la 2e mission Flatters; il est à mi hauteur des pentes nord du Tadmayt, dans le lit de l'Oued Raoua (ou Oued In Sokki). — Près du puits, se trouve la mekkam de Sidi Abd el Kader bou Haous, marabout des Ouled Sidi Cheikh.	Il n'a pas été fait de grand' halte, pour donner aux chameaux le temps de boire à la Sokki.
610	28	OUED AGHRID	Sans eau	Quelques Ethel, Retem et Tabaqat.	Néant.	Facile.	L'Oued Aghrid a sa source dans le Tadmayt, comme l'Oued In Sokki dont il est affluent. Celui-ci descend d'un mamelon dit Djebel Messyed.	Treizième journée de marche du r'azzou (3 août). On a fait la grand'halte à l'Oued Aghrid.
636	26	ERG EL MEGRAOUN	Sans eau	Nombreux Retem, quelques Tabaqat.	Abondant — Toulloult. Goddoum.	Facile.	La route coupe l'Oued Aghrid, et on campe près de l'Erg el Megraoun, au point où se terminent les pentes nord du Tadmayt.	

Distance approximative du point de départ	d'une étape à l'autre	GITES D'ÉTAPE	EAU	BOIS	FOURRAGE	NATURE du TERRAIN	DESCRIPTION SOMMAIRE de LA ROUTE	OBSERVATIONS
654	18	Aïssa ou Mbella	Sans eau	Nombreux Absaq et Alenda.	Tabar, Issin, abondants. Un peu de Toulloult.	Facile, bien qu'un peu sablonneux.	La route longe l'Erg el Megraoun qu'elle laisse à l'Est, et le franchit à son point extrême nord où il décrit une courbe.	
679	25	Daïa Delaat Bakha	Sans eau	Cinq Tabaqat.	Abondant — Alemmouz, Aslaq, au printemps seulement.	Facile.	On campe dans une des nombreuses daïas dites Delaât Bakha; c'est surtout dans ces bas fonds que croît au printemps et en très grande abondance l'herbe que les Touareg appellent Aslaq, que les Chaânbâ nomment Abalia, et dont nous n'avons pu déterminer l'espèce. C'est un bon fourrage pour les chameaux.	Quatorzième journée de marche du r'azzou (4 août). On a fait la grand'halte à Aïssa ou Mbella.
729	50	Hassi In Ifel	Un puits creusé dans le sable et profond de 6 m. jusqu'au niveau de l'eau [...] dante. — Le Lieutenant-Colonel Flatters avait fait creuser un second puits, lors du passage de la deuxième mission, qui a séjourné au Hassi In Ifel les 16, 17, 18 décembre 1880. Ce puits n'existe plus; il a été comblé, par les gens d'In Salah, dit-on.	Ethel, Retem assez nombreux.	Abondant — Tabar, Toulloult. Les fourrages qui croissent près du Hassi In Ifel passent pour être d'une qualité supérieure. — On n'en donne pas la raison; c'est sans doute la nature du terrain qui est plus favorable aux plantes.— A moins qu'il n'y ait là qu'un préjugé.	Facile.	Le Hassi In Ifel est sur la route suivie par la 2ᵉ mission Flatters. — A 1 kilomètre du puits, sur les pentes de la rive gauche de [...] anchement [...] de ce siècle [...] voulu y être enterré. Beaucoup de gens donnent son nom à la région, le substituant à celui d'In Ifel. La Koubba passe pour renfermer un trésor; il n'en est probablement rien, mais ce qui a pu accréditer cette idée, c'est que les voyageurs ont l'habitude d'y déposer des offrandes en nature, qui restent à la disposition des passants. Ceux-ci peuvent boire et manger à leur guise, mais ils ne doivent rien emporter. La porte de la Koubba est toujours ouverte et personne, assure-t-on, n'a encore abusé de l'hospitalité de Sidi Abd el Hakem qui, d'ailleurs, punirait de mort l'auteur d'un semblable méfait. — C'est dans cette Koubba que le r'azzou dont faisaient partie nos prisonniers s'était réfugié au retour de la r'azzia de Daïet ed Drina. Les Châanbâ n'osèrent pas y aller chercher les Touareg, de peur d'encourir la malédiction de Sidi Abd el Hakem; ils attendirent que la soif les obligeât à sortir et les tuèrent ou les prirent un à un.	Quinzième journée de marche du r'azzou (5 août). Malgré sa longueur, cette étape a été faite d'une [...]

Distance approximative		GITES D'ÉTAPE	EAU	BOIS	FOURRAGE	NATURE du TERRAIN	DESCRIPTION SOMMAIRE de LA ROUTE	OBSERVATIONS
du point de départ	d'une étape à l'autre							
767	38	DRÂA EL ABED	Sans eau.	Néant.	Abondant. — Askaf. Reguig.	Hamada. — Terrain pierreux très pénible pour les animaux qui se blessent facilement.	Drâa el Abed est une dune au delà de laquelle s'ouvre l'Enteg el Malha, large coupure qui a permis au r'azzou de se défiler des vues des Chouafa de Mechgarden.	Seizième journée de marche du r'azzou (6 août). On a fait la grand'halte à Drâa el Abed.
792	25	ENTEG EL MALHA	Un peu d'eau saumâtre dans une neba.	Quelques Azour.	Tahar abondant, un peu d'Askaf.	Terrain pierreux et difficile.	En quittant Drâa el Abed, la route suivie s'engage dans l'Enteg el Malha et on campe à la *Neba*. — Les Touareg appellent ainsi un bas-fond où l'eau sourd par places, formant de petites cuvettes sans écoulement, et dont le débit est si faible que l'évaporation suffit à en empêcher	
854	62	DAÏET ED DRINA	Sans eau.	Nombreux Retem.	Abondant. — Toulloult. Metnan.	Terrain difficile et pierreux dans l'Enteg. Facile quoique sablonneux au delà.	Le chemin suivi au départ est toujours l'Enteg el Malha. A la sortie de cet Enteg, c'est-à-dire à 36 kilomètres environ du point de départ, on voit à l'Ouest les gour Ouargla. — A 12 kilomètres de l'Enteg, on coupe l'Arig R'anem, dune longue et étroite, et on arrive à Daïet ed Drina après un trajet de 14 kilomètres environ.	Dix-septième journée de marche du r'azzou (7 août). On est parti de la Neba à 9 heures du soir; après une marche de nuit, on est sorti de l'Enteg au point du jour, et on est arrivé à 7 heures du matin à Daïet ed Drina où s'est opérée la r'azzia.

ITINÉRAIRE N° 6. — De l'**Adrar Ahnet** (débouché de la gorge de l'Oued Tegoulgoulet) à **Ouallen**. — 104 kilomètres environ.

Distance approximative du point de départ	d'une étape à l'autre	GITES D'ÉTAPE	EAU	BOIS	FOURRAGE	NATURE du TERRAIN	DESCRIPTION SOMMAIRE de LA ROUTE	OBSERVATIONS
»	»	GORGE DE L'OUED TEGOULGOULET (point de départ).	»	»	»	»	»	Voir au chapitre « Géographie. »
40	40	TAOUDR'ARET	Adjelmam contenant toujours de l'eau de très bonne qualité, mais dont le niveau baisse quand les pluies font défaut.	Abondant. — Tamat.	Abondant. — Toulloult.	Facile.	La route traverse la vallée de l'Oued Amdja, franchit le Djebel Tar'att qui n'est, à proprement parler, sur ce point, qu'un plateau peu élevé, court en plaine et franchit le plateau étroit qui se détache, au Sud, du Djebel Taoudr'aret. L'adjelmam est au pied des pentes Ouest de ce plateau.	
65	25	TESSA N AGADIR	Sans eau.	Quelques	Un peu de	Facile.	Route en plaine; elle longe [...] de cette montagne.	Le plus ordinairement, la route se fait en trois jours : les gens qui partent de Taoudr'aret campent à Aohenna, et ceux qui partent d'Ouallen à Tessa n Agadir.
79	14	AOHENNA	Sans eau.	Quelques Tamat.	Abondant. — Toulloult, Tahar.	Facile.	Route en plaine. — Aohenna est au pied des premières pentes sud de l'Acedjradh.	
104	25	OUALLEN	A 3 kilomètres environ à l'Ouest, grande guelta toujours pleine, dans le lit de l'Oued Sedjendjanet. Eau d'excellente qualité.	Néant.	Très abondant — Toulloult.	Facile.	La route passe entre le Djebel Sedjendanet à l'Ouest et l'Acedjradh à l'Est. La vallée a une largeur moyenne de 6 à 8 kilomètres. — Ouallen est sur la route directe d'In Salah à Tin Bouktou. C'est un point de passage important : on y voit les ruines d'un Ksar complètement abandonné depuis longtemps. — Il n'y a pas de palmiers.	

Distance approximative du point de départ	Distance approximative d'une étape à l'autre	GITES D'ÉTAPE	EAU	BOIS	FOURRAGE	NATURE du TERRAIN	DESCRIPTION SOMMAIRE de LA ROUTE	BSERVATIONS
»	»	GORGE DE L'OUED TEGOULGOULET (point de départ).	»	»	»	»	»	Voir au chapitre « Géographie. »
36	36	DANS LES DUNES	Sans eau.	Néant.	Abondant. — Toulloult, Tahar.	Dunes pendant la deuxième moitié du trajet.	La route se confond avec celle de Taondr'aret (voir itinéraire n° 6) jusqu'au pied du Djebel Tar'aït, s'en sépare pour prendre une direction Sud-Ouest, franchit le Tar'aït et s'engage dans les dunes où on campe.	
80	44	IN IHAHOU (ou IN ZIZAOU, ou INZIZ)	Adjelmam dit d'Amessedel. — Eau à profusion et excel-	Nombreux Tamat.	Abondant. — Toulloult, Tahar.	Facile.	Après être sortie des dunes, la route traverse l'Oued Tirehart, contourne au Nord le pied des contreforts du Djebel Ihahou et remonte, entre le 2ᵉ et le 5ᵉ de ces contreforts, jusqu'à l'Adjel-	Il y a un chemin direct
...	...	TIDERGAOUIN	Sans eau.	Néant.	... quant. moyen.	... tites dunes.	... se trouve l'Adjelmam Amessedel, franchit, entre ses contreforts et sa masse principale, le Djebel Nahalet et se dirige sur les mamelons à gauche desquels se trouve le point de Tidergaouïn, désigné quelquefois sous le nom de Tidridjaouïn.	... pictons.
310	170	AM RENNAN	Quelques puits peu profonds, ne donnant qu'une faible quantité d'eau passable.	Quelques Azour.	Tahar, Issin. — En assez grande quantité.	Reg parsemé de dunes. — Marche facile.	La route qui conduit à Am Rennan se fait habituellement en cinq jours; on ne trouve, sur tout le trajet, ni eau, ni bois, ni fourrage, ni aucun accident de terrain, en dehors des dunes dont il est parlé ci-contre. Am Rennan est sur la route directe d'In Salah à Tin Bouktou. — Ce point n'est pas habité, mais beaucoup de caravanes y passent.	A partir de Tidergaouïn et jusqu'à Taoudenni, la route se déroule sur un reg parsemé, dans toutes les directions, de petites dunes qui n'ont guère plus de 4 à 5 mètres d'élévation, c'est le Tanezrouft, le désert dans toute sa nudité. On ne peut se rendre à Taoudenni directement, on ne trouverait pas un seul point d'eau dans cette direction. La route, pour toucher aux points d'eau d'Am Rennan, Dagouba, Guettara, est obligée de décrire une courbe et d'aborder Taoudenni par le Sud.
460	150	DAGOUBA	Un puits très abondant, profondeur 5 m. environ. — Bonne eau	Néant.	Abondant. — Tahar, Toulloult.	Reg parsemé de dunes. — Marche facile.	Le trajet entre Am Rennan et Dagouba se fait ordinairement en 4 jours. — On ne trouve, sur la route, ni eau ni bois; par contre, le Tahar (Hâd) et le Toulloult (Drinn) abondent partout.	Les gites d'étape intermédiaires entre Tidergaouin et Am Rennan, entre cette ogla et Dagouba, et entre

du point de départ	d'une étape à l'autre	GÎTES D'ÉTAPE	EAU	BOIS	FOURRAGE	NATURE du TERRAIN	DESCRIPTION SOMMAIRE de LA ROUTE	OBSERVATIONS
660	200	El Guettara	Un puits profond de 3 m. 50 environ. — Eau très abondante et bonne.	Néant.	Tahar en assez grande quantité.	Reg parsemé de dunes. — Marche facile.	On met d'habitude 6 jours pour aller de Dagouba à El Guettara; le pays a le même aspect qu'entre Am Rennan et Dagouba. — *Ni eau, ni bois*, Tahar et Toulloult en abondance partout. — El Guettara est au Sud-Est de Taoudenni.	Dagouba et El Guettara, ont été placés sur la carte arbitrairement, et seulement pour indiquer le nombre de journées de marche comprises entre ces divers points. — Aucun de ces gîtes ne porte de nom particulier; on s'arrête où on se trouve, le manque absolu de ressources étant le même partout.
696	36	Et Telig	3 ou 4 puits profonds de 1 m. 75 environ. — Eau bonne et très abondan...	Néant.	Tahar en assez grande quantité.	Reg parsemé de dunes. — Marche facile.	Et Telig est placé sur la plupart des cartes au Nord de Taoudenni. Il est au contraire au Sud, et à peu près à moitié chemin entre ce Ksar et El Guettara. Les souvenirs de Chikkadh sont très précis à cet égard.	
			...dant et bonne. — Nombreux puits à poulie, du même système que ceux du Mzab et aussi profonds que ces derniers qui mesurent entre 25 et 35 m.		Tahar en assez grande quantité.	...mé de dunes. — Marche facile.	...grand Ksar dont la population serait de 4,000 habitants: Kel Taoudenni, Arib et Tajakant, alliés de l'Ar'rerf Ahnet. — Il n'y a pas d'Harratin. Le Ksar sert d'entrepôt à ces trois tribus qui y emmagasinent leurs grains et leurs richesses. — Il s'y tient un marché important. — Il n'y a, à Taoudenni, ni palmiers ni jardins.	

Distance approximative du point de départ	d'une étape à l'autre	GITES D'ÉTAPE	EAU	BOIS	FOURRAGE	NATURE du TERRAIN	DESCRIPTION SOMMAIRE de LA ROUTE	OBSERVATIONS
»	»	IN IHAHOU (point de départ).	»	»	»	»	»	Voir itinéraire n° 7.
62	62	TEKHAMMALT	Sans eau.	Néant.	Très peu de Tahar.	Reg. — Facile.	La route contourne à l'Ouest le Djebel In Ihahou et se développe, en se dirigeant vers le Sud-Est, dans une plaine absolument unie et presque sans végétation.	On remarquera qu'on ne retrouve plus, dans ce trajet, aucune trace de rivière venant de l'Est; toutes ont disparu, avant d'arriver à cette longitude.
124	62	DANS LE REG	Sans eau.	Néant.	Très peu de Tahar.	Reg. — Facile.	Aucun accident de terrain.	
186	62	DANS LE REG	Sans eau.	Néant.	Très peu de Tahar.	Reg. — Facile.	Aucun accident de terrain.	
238	52	TIMISSAOU	Un puits profond de 6 m. 50 à 7 m. environ. Eau excellente et abondante.	Quelques absaq.	Un peu de Toulloult et de Tahar.	Reg. — Facile.	La route ne présente aucun accident de terrain. Timissaou est au pied du versant N.-O. du Tassili du Sud de la carte de M. Duveyrier. C'est un point de passage obligé pour les gens qui vont de l'Ahnet, de Silet ou du Hoggar, à Tin Bouktou. Il n'est pas habité.	Remarque. — La route d'In Ihahou à Timissaou est très peu suivie, on lui préfère celle qui part d'Anef-fodjen (voir itinéraire n° 9).

Distance approximative du point de départ	d'une étape à l'autre	GITES D'ÉTAPE	EAU	BOIS	FOURRAGE	NATURE du TERRAIN	DESCRIPTION SOMMAIRE de LA ROUTE	OBSERVATIONS
»	»	ANEFFODJEN. (point de départ).	»	»	»	»	»	Voir Itinéraire n° 1.
60	60	TIRIGANIN.	Sans eau	Broussailles.	Tahar, en quantité moyenne.	Reg. — Facile.	»	Id.
94	34	HASSI TAR'ADJAR.	Un puits profond d'environ 5 m. 25. — Eau bonne et abondante.	En quantité moyenne. — Ethel.	Abondant. — Toulloult.	Reg. — Facile.	»	Id
146	52	DANS LE REG.	Sans eau.	Néant.	Très peu de Tahar.	Reg. — Facile.	La route partie d'Aneffodjen aboutit ici à la 3e étape de l'itinéraire n° 8. Elle ne présente aucun accident de terrain	Voir itinéraire n° 8.
198	52	TIMISSAOU.	Un puits profond de 6 m. 50 à 7 m. environ. Eau excel-	Quelques Absaq.	Un peu de Toulloult et de Tahar.	Reg. — Facile.	»	Voir itinéraire n° 8.

Distance approximative du point de départ	d'une étape à l'autre	GITES D'ÉTAPE	EAU	BOIS	FOURRAGE	NATURE du TERRAIN	DESCRIPTION SOMMAIRE de LA ROUTE	OBSERVATIONS
»	»	SILET (point de départ).	»	»	»	»	»	Voir l'itinéraire n° 1.
32	32	TIOUIARIN.	Sans eau.	Abondant. — Tamat.	Un peu de Tahar.	Facile.	Quelques petits gour à Tiouiarin.	
62	30	TESSARIRT.	Sans eau	Un seul Absaq.	Abondant. — Tahar.	Facile.	Tessarirt veut dire *arbre isolé.* Ce bivouac est en effet signalé par un absaq.	
90	28	TISSERASS.	Sans eau	Quelques Tamat.	Abondant. — Toulloult.	Facile.	Rien à signaler.	
134	44	TIMISSAOU.	Un puits profond de 6 m. 50 à 7 m. environ. — Eau excellente et abondante	Quelques Absaq.	Un peu de Toulloult et de Tahar.	Montagneux mais facile. Le Medjebed est nettement déterminé.	La route suit, à mi-côte, les pentes Nord du Tassili.	Voir l'itinéraire n° 8.

ITINÉRAIRE N° 11. — De **Timissaou** à **An ou Mellel** (Adr'ar'). — 401 kilomètres environ.

Distance approximative du point de départ	Distance approximative d'une étape à l'autre	GITES D'ÉTAPE	EAU	BOIS	FOURRAGE	NATURE du TERRAIN	DESCRIPTION SOMMAIRE de LA ROUTE	OBSERVATIONS
»	»	TIMISSAOU (point de départ).	»	»	»	»	»	Voir itinéraire n° 8.
38	38	ILOK	Sans eau	Abondant. — Tamat.	Alemmouz abondant mais seulement après les pluies.	Facile.	La route monte sur le Tassili, jusqu'à sa rencontre avec l'Oued Incfis, qu'elle traverse un peu au-dessous de sa source ; elle monte ensuite entre deux lignes de hauteurs, pour descendre enfin jusqu'à Ilok.	
74	36	IN ZAHAR	Sans eau	Quelques rares Tamat.	Alemmouz en petite quantité et seulement après les pluies.	Facile.	La route serpente dans les bas fonds d'une petite Chebka.	
		Ibenkar. Eau bonne mais peu abondante. — A In Ouzzel, ibenkar et Adjelmam. Eau abondante et bonne.	Tamat.	...		...élevée ainsi à l'Est, puis, laissant le Djebel Tirek en arrière, elle s'engage dans l'Adr'ar'. On campe à In Ouzzel, situé à 3 kilomètres environ des premières pentes Nord de l'Adr'ar', dans une vallée assez large.		
143	34	IFERNAN	Ibenkar, eau bonne et abondante. — Adjelmam où on ne trouve d'eau qu'après les pluies.	Assez abondant. — Absaq, Tamat, Tebouraq, Tihoq.	Abondant. — Afezzou.	Facile.	La route passe entre deux lignes de hauteurs : celle de l'Est se prolonge au delà d'Ifernan ; celle de l'Ouest s'arrête avant d'y arriver. Les ibenkar paraissent devoir être alimentés par le cours souterrain de l'Oued Ifernau, dont on trouve la trace au Nord-Ouest sur la carte Pech.	Les caravanes qui se rendent de l'Ahnet, de Silet, du Hoggar, à Tin Bouktou, quittent la route à Ifernan et se dirigent de ce point, sur Mabrouk (au Sud Ouest).
177	34	AOUHOU	Sans eau	Quelques Absaq.	Alemmouz abondant et un peu d'afezzou.	Facile.	La ligne de hauteurs à l'Est de la route s'arrête à Aouhou.	

Distance approximative		GITES D'ÉTAPE	EAU	BOIS	FOURRAGE	NATURE du TERRAIN	DESCRIPTION SOMMAIRE de LA ROUTE	OBSERVATIONS
du point de départ	d'une étape à l'autre							
205	28	OUED (sans nom connu)	Sans eau.	Abondant. — Tamat.	Abondant. — Alemmouz.	Facile.	Pays plat. — Aucun accident de terrain.	L'Oued innommé paraît être l'Oued Houzzan qu'on trouve au Nord-Ouest sur la carte Pech.
235	30	DOURIT	Ibenkar. — Eau bonne et abondante après les pluies. — Le débit diminue après les périodes de sécheresse.	Très abondant. — Absaq, Tamat, Tebouraq.	Néant.	Facile.	Pays plat. — Aucun accident de terrain.	
267	32	TELLABIT	Eau courante et d'excellente qualité dans l'Oued Ouertadja, qui coule...	Pays très boisé. — Absaq, Ta-mat, Tebou-...	Néant.	Facile.	La route traverse, et longe ensuite, l'Oued Ouertadja qui coule au pied d'une montagne située à l'Ouest, le Djebel Tirarhar, et va se jeter dans l'Oued Asakan.—A 16 ki... par des caravanes de Koufra (Oued Cheikh).	Du versant Ouest du Djebel Tirarhar, part une rivière, l'Oued Tir'lit, dont la vallée s'étrangle, puis s'élargit, à une journée de marche environ de la route que nous... forés sur la lisière intérieure de la partie boisée, donnent une eau abondante et de bonne qualité. Ce cirque, qui se nomme Aferadj-ouan-Illi, appartient aux Ifor'as qui y mettent leurs tentes et leurs troupeaux à l'abri en temps de guerre.—Nous retrouverons à Taiak une disposition de terrain analogue (Itinéraire n° 12).
301	34	TILIMSI	Sans eau	Abondant. — Absaq, Tamat.	Abondant. — Alemmouz.	Facile.	Plaine unie, aucun accident de terrain. — On campe sur l'Oued Tilimsi, qui va se jeter dans l'Oued Asakan un peu au Sud-Ouest d'In Assassar.	
336	35	IN ASSASSAR	3 ou 4 puits profonds de 6 m. 50 à 7 m. environ. — Eau peu abondante, mais bonne.	Forêt. — Les essences dominantes sont: L'Absaq, Le Tamat, Le Tebouraq, Le Tihoq.	Abondant. — Alemmouz.	Route en forêt. — Facile.	Pays plat, mais très boisé. — In Assassar est dans l'Oued Asakan, au confluent de cette rivière et de l'Oued Inrar venant de l'Est.— C'est à In Assassar qu'on rencontre les premiers campements des Ouelimmiden. Les Ifor'as viennent jusque là, mais ces deux tribus ne se mêlent pas. — D'une manière générale, les parties montagneuses sont aux Ifor'as, et les plaines aux Ouelimmiden.	

Distance approximative du point de départ	d'une étape à l'autre	GITES D'ÉTAPE	EAU	BOIS	FOURRAGE	NATURE du TERRAIN	DESCRIPTION SOMMAIRE de LA ROUTE	OBSERVATIONS
371	35	ABELBODH	Un puits profond de 6 m. 50 à 7 m. environ, dans l'Oued Abelbodh. — Eau excellente et abondante.	Forêt. — Comme ci-dessus.	Abondant. — Alemmouz.	Route en forêt. — Facile.	La forêt entre In Assassar et Abelbodh est impénétrable : « On ne s'y retrouverait pas si on s'écartait du sentier battu. » — On campe au puits de l'Oued Abelbodh. — Cette rivière vient de l'Est, coupe la forêt et la route, et va se jeter dans l'Oued Asakan.	
401	30	AN OU MELLEL	Un puits profond de 6 m. 50 à 7 m., dans l'Oued An ou Mellel. — Eau abon...	Forêt. — Comme ci-dessus.	Alemmouz. — Abondant.	Route en forêt. — Facile.	La route et la forêt conservent le même aspect. On campe dans l'Oued An ou Mellel qui vient de l'Est, coupe la forêt et la route, où son passage détermine une vaste clairière, et va se jeter dans l'Oued Asakan.	

Distance approximative du point de départ	d'une étape à l'autre	GITES D'ÉTAPE	EAU	BOIS	FOURRAGE	NATURE du TERRAIN	DESCRIPTION SOMMAIRE de LA ROUTE	OBSERVATIONS
»	»	SILET (point de départ).	Remarque importante. — Au dire de nos prisonniers, on ne trouve plus, au delà de Silet, dans cette direction, que de l'eau de très bonne qualité.	»	»	»	»	Voir Itinéraire n° 1.
37	37	ADJEMAT	Adjelmam. — Eau bonne, mais on n'en trouve qu'après les pluies.	Abondant. — Absag, Tamat, Tadjar't, Tebouraq.	Abondant. — Afezzou, Toulloult, Hannah.	Reg et quelques petites dunes. — Route facile	La route longe une ligne de hauteurs qui reste à sa gauche (Nord-Est). Cette chaîne, assez élevée, constitue le premier gradin du Hoggar. Elle change de nom et prend successivement ceux des principaux ravins qui en descendent. — Ici elle se nomme In Zouzan.	

Distance approximative — du point de départ	d'une étape à l'autre	GITES D'ÉTAPE	EAU	BOIS	FOURRAGE	NATURE du TERRAIN	DESCRIPTION SOMMAIRE de LA ROUTE	OBSERVATIONS
73	36	In Abeless	Ibenkar. — Dans l'Oued Timanr'asset qui vient du Hoggar et va dans la direction de Timissaou.	Abondant. — Ethel.	Abondant. Toulloult, Tessendjelt.	Route facile — Reg.	La route continue à longer la base de la même chaîne de hauteurs, qui se nomme ici Djebel In Abeless, du nom d'un ravin qui se jette dans l'Oued Timanr'asset un peu au Nord de la route.	
113	40	Oued Tin Mzi	Sans eau. — A 1/2 journée de marche au nord, en remontant l'Oued Tin Mzi, on trouve un puits profond d'environ	Abondant. — Ethel, Tihoq.	Abondant. Toulloult.	Route facile — Reg.	La route suit toujours la base du premier gradin du Hoggar, désigné ici sous le nom de Djebel Tin Mzi.	
			A 1/2 journée de marche au nord, en remontant l'Oued Tirarhar't on trouve trois puits profonds de 1 m. 75 environ, dont l'eau est bonne et abondante.	Absaq. Tihoq.	Toulloult, Afezzou.	Reg.	...Hoggar, qui porte ici le nom de Djebel Tirarhur't. Cette ligne d'escarpements s'éloigne de la route à hauteur du camp, pour remonter vers le Nord.	...part qui aboutit pour le Nord et contourne l'Adrar Ahnet.
199	38	Oued Anefidj	Un puits très abondant, profond de 2 m. 50 environ.	Abondant. — Absaq.	En quantité moyenne. — Afezzou.	Route facile — Reg.	Au Nord, à 1/2 journée de marche du bivouac, on voit un Allous dit Zazer; au pied de cette dune jaillit une source qui alimente un petit ruisseau d'eau courante dit El Ma Zazer.	
234	35	Ir'arr'ar	Sans eau	Abondant. — Ethel.	Peu. — Toulloult.	Route facile — Reg.	On campe dans l'Oued Ir'arr'ar (ou Igharghar). — A droite du camp se trouvent deux gour sans nom et une montagne élevée, dite Tioulhin.	Cet Oued Ir'arr'ar (ou Igharghar) n'a rien de commun avec la grande vallée dont l'origine est au Sud d'Idelès.
276	42	Adjou	Sans eau	Quelques Absaq.	Un peu de Tahar.	Route facile. — Reg	De loin en loin, la route laisse, à droite et à gauche, quelques gour sans nom.	

Distance approximative		GITES D'ÉTAPE	EAU	BOIS	FOURRAGE	NATURE du TERRAIN	DESCRIPTION SOMMAIRE de LA ROUTE	OBSERVATIONS
du point de départ	d'une étape à l'autre							
326	50	El R'sour	Abondante et bonne, dans l'Oued El R'sour. L'eau se conserve dans des cuvettes rocheuses formées par les sinuosités de l'Oued et abritées par des rochers surplombants. Les Touareg appellent ces cuvettes Tidjeddaouin.	Abondant. — Absaq, Tamat.	Abondant. — Toulioult, Tahar.	Reg jusqu'au Tassili. — Terrain pierreux et difficile dans le Tassili.	El R'sour est le nom d'une rivière qui descend du Hoggar et qui, après avoir fait un coude à l'Est, coupe le Tassili (fragment du Tassili du Sud de la carte de M. Duveyrier) par une gorge étroite, à pentes rocheuses, presque verticales, rappelant un peu, quoique moins élevées, la gorge de l'Oued Tegouigoulet dans l'Adrar Ahnet. — La route rencontre l'Oued El R'sour à 25 kilomètres d'Adjour et le franchit au pied du Tassili dont elle gravit l'escarpement Nord. — Au point même où la route franchit l'Oued El R'sour, aboutit la route directe venant d'In Salah. Cette dernière et celle que nous suivons... La rivière, sur ce point, n'est accessible qu'aux piétons ; les hommes vont chercher l'eau et la rapportent dans des outres. A partir de ce point, l'Oued El R'sour échange son nom contre celui d'Oued Taguerera.	D'après les cartes existantes, le Tassili coupé par l'Oued El R'sour (plus loin Oued Taguerera) serait un fragment détaché du Tassili du Sud par une autre coupure plus large, celle de l'Oued Tin Tarabin, dont la direction serait Nord–Est Sud-Ouest et qui est inconnue de nos prisonniers.
378	52	Oued Taguerera	Sans eau.	Abondant au-dessus du camp. — Absaq, Tamat.	Abondant. — Toulioult, Tahar.	Pierreux et difficile.	La route s'écarte de la rivière, pour se dérouler, un peu plus au nord, sur le Tassili. Elle en descend les pentes et on vient camper sur l'Oued Taguerera, au point où cette rivière sort de la gorge déjà décrite.	
414	36	Tissaririn	Sans eau.	Deux Absaq.	Néant.	Reg. — Route facile.	La route s'engage dans le Tanezrouft, laissant à droite et à gauche quelques petites dunes. Le camp est indiqué par deux Absaq (Tissaririn est le duel de Tessarirt et veut dire 2 arbres isolés).	

Distance approximative du point de départ	Distance d'une étape à l'autre	GITES D'ÉTAPE	EAU	BOIS	FOURRAGE	NATURE du TERRAIN	DESCRIPTION SOMMAIRE de LA ROUTE	OBSERVATIONS
456	42	TIMOZELIN	Sans eau.	Néant.	Néant.	Reg. — Route facile.	La route se dirige, dans le Tanezrouft, sur deux petits gour jumeaux, les gour Timozelin ; elle passe entre les deux ou contourne l'une des gara au pied de laquelle on campe.	
488	32	OUAN ZOUATEN	Sans eau.	Deux Azour morts.	Un peu de Tahar.	Reg. — Route facile.	Plaine unie, aucun accident de terrain.	
525	37	IN AZAOUA	Un puits profond de 5 m. environ Eau bonne et abondante.	3 ou 4 Zéita autant d'Azour autant d'Ethel.	Abondant. — Tahar.	Reg. — Route facile.	In Azaoua est le point désigné, sur la carte de M. Duveyrier, sous le nom de *Puits de Nesoua* ; il est à une faible journée de marche à l'Ouest du *Puits d'Assiou*. [...] quittant le puits ; celles du Hoggar se rendent dans l'Aïr, en suivant la route indiquée en noir sur la carte Pech (carte d'une partie de l'Afrique septentrionale, au 1/1.250.000°. — Ministère des Travaux publics — 1883). — Les gens de l'Ahnet suivent, plus à l'Ouest, une autre route qui les conduit à Talak, point où campent leurs imrad Ikerramouien et Issokenaten. — Ils ne vont pas dans l'Aïr, disent-ils, en raison de l'hostilité qui règne entre eux et les gens de cette région.	
562	37	OUED AMAZELOUZ	Sans eau.	Abondant. — Absaq.	Abondant. — Tahar, Toulloult.	Route facile. — Reg.	L'Oued Amazelouz est un petit ravin sans eau. — Un peu avant d'y arriver, la route passe au pied et à droite de deux gour, l'un assez élevé, appelé Tindi (le mortier), l'autre plus petit, dit Iharran (le pilon) en raison de leurs formes. C'est là que finit le Tanezrouft.	

Distance approximative du point de départ	d'une étape à l'autre	GITES D'ÉTAPE	EAU	BOIS	FOURRAGE	NATURE du TERRAIN	DESCRIPTION SOMMAIRE de LA ROUTE	OBSERVATIONS
600	38	IDAMAK	Sans cau.	Abondant. — Absaq.	Abondant. — Tahar, Toulloult.	Route facile.	La route serpente dans les bas-fonds d'une Chebka qui ressemble, paraît-il, beaucoup à celle du Mzab aux environs de Berryan.	
636	36	OUANSERI	4 ou 5 Ibenkar sur la hauteur à gauche du camp. Ils ne donnent d'eau qu'après les pluies. — Cette eau est bonne.	Néant.	Un peu de Tahar.	Terrain de hamada, coupé de petites dunes (ce genre de terrain se nomme, en Tamahaq, Tadjelant. — Route facile néanmoins.	La route, en quittant Idamak, monte sur une hamada dont elle descend pour arriver à Ouanseri.	On rencontre assez souvent à Ouanseri des gens du Soudan (de l'Aïr probablement) dont les parcours s'étendent jusque-là.
673	37	TADARDAQ	Sans cau.	Abondant. — Tamat...	Abondant. — Aferzou...	Route facile.	La route suit les bas-fonds de la Chebka déjà signalée. — A l'Est, se dresse une mon...	
			Eau bonne et abondante.	Absaq, Tamat.	Alemmouz très abondant.			
763	52	TAMENGOUÏT	Adjelmam. — Eau excellente et très abondante.	Peu. — Tamat.	Abondant. — Alemmouz.	Route facile.	Même route que la veille. L'adjelmam de Tamengouït est situé dans une grotte, un peu au-dessus du niveau des bas-fonds de la Chebka et dans les berges situées à l'Ouest. Sa superficie serait d'environ un hectare.	
801	38	ABRAKAN	Sans cau.	Très abondant. — Absaq. Tihoq.	Abondant. — Hannah.	Route facile.	En quittant Tamengouït, la route sort de la Chebka et traverse un terrain montueux.	
841	40	OUED ZOURIKA	Sans eau. — A 1/2 journée de marche à l'Est, en remontant l'Oued, on trouve des Ibenkar. Eau bonne et abondante.	Néant. — Près des Ibenkar signalés ci-contre on trouve de nombreux Absaq et Tamat.	Abondant. — Hannah.	Route facile quoique accidentée.	La route passe entre deux chaînes de hauteurs assez élevées et séparées par une faible distance.	

Distance approximative du point de départ	d'une étape à l'autre	GITES D'ÉTAPE	EAU	BOIS	FOURRAGE	NATURE du TERRAIN	DESCRIPTION SOMMAIRE de LA ROUTE	OBSERVATIONS
871	30	Tin Asfart	Sans eau.	Abondant, — Absaq.	Abondant. — Afezzou. Hannah.	Route facile.	La route continue à suivre la vallée déterminée par les deux chaînes signalées ci-dessus, mais cette vallée s'élargit à partir de l'Oued Zourïka.	
903	32	Talak	A profusion et d'excellente qualité.	Forêt vierge. — Arbres de toutes essences.	Très abondant. — Alemmouz.	Route facile.	Talak est, pour les Ikerramouien et les Issokenaten, ce que la région de l'Adrar Ahnet est pour les Taïtoq et Kel Ahnet. C'est un vaste cirque formé par l'élargissement de la vallée que la route suit depuis Abrakan. A l'Est, descendent d'une haute montagne de nombreux ravins à peu près parallèles entre eux ; dans chacun de ces ravins on ... Le cirque est fermé, à l'Ouest, par une chaîne de hauteurs beaucoup moins élevées que celles de l'Est. Entre les campements et ces hauteurs, se trouve une forêt vierge ; une légende affirme que les chameaux qui s'y aventurent meurent en quelques heures « empoisonnés » et que l'homme qui se mettrait à leur recherche n'arriverait jamais à les retrouver. Talak est à 4 journées de marche au Nord-Ouest d'Agadès. — Aucun de nos prisonniers n'a pu nous donner de renseignements ni sur cette ville, ni sur la route qui y conduit.	

APPENDICE

La r'azzia de Daïet ed Drina et le combat
du Hassi In Ifel

(D'APRÈS LES RÉCITS DES PRISONNIERS ET LES RENSEIGNEMENTS ULTÉRIEURS)

L'expédition dirigée par les Touareg de l'Ouest contre les Châanbâa el Mouadhi et qui a eu, pour les premiers, des conséquences si désastreuses, ne devait pas, dans la pensée de ses organisateurs, avoir l'importance que les circonstances lui ont donnée.

Il ne s'agissait, au début, que d'un coup de main isolé, comme il s'en produit à chaque instant dans le Sahara, et c'est dans une famille d'imrad des Kel Ahnet, celle des Ouled R'alem, que le projet en fut arrêté.

Le chef de cette famille, Hammani ag R'alem, s'était assuré le concours d'un excellent guide, Abd es Sellam ould El Hadj R'adi, dont nous avons donné la biographie au commencement de cette étude. Il n'eut pas de peine à décider ses parents à le suivre et les réunit à Ouahaïen; c'étaient:

Baba ag Hammani, son fils,
Keddada ag R'alem....................⎫
Bou Kar'ma ag R'alem................⎪
Bassi ag R'alem.........................⎬ ses frères (1).
Mohammed ag R'alem..................⎪
Khenmettal ag R'alem..................⎭

---

(1) De toute cette famille, comme on le verra plus loin, Bassi ag R'alem seul a pu rentrer dans sa tribu. Hammani, son fils et ses quatre autres frères ont été tués.

13

Quelques coureurs d'aventures vinrent bientôt les y rejoindre, attirés par l'appât d'un butin qui semblait d'autant plus assuré que, en raison de la trève conclue en 1885, les Mouadhi, on le croyait du moins, ne devaient pas être sur leurs gardes.

Hammani ag R'alem prit le commandement de la petite troupe, et il fut décidé que, pour ménager les mehara tout en leur faisant franchir, aussi rapidement que possible, l'énorme distance (plus de 850 kilomètres) qui séparait le r'azzou du but à atteindre, on marcherait depuis la pointe du jour jusqu'au moment de la forte chaleur, qu'on ferait alors une grand'halte, pour se remettre en route vers 4 heures du soir et ne s'arrêter qu'à la nuit close.

Le r'azzou quitta Ouahaïen le 22 juillet (1) et, pendant les premiers jours, son effectif s'accrût par l'arrivée successive de gens avides de sortir de leur longue inaction.

Lorsqu'on arriva, après dix jours de marche, à l'Oued Irès Mallen, sans qu'aucun incident se fut produit, on se compta : il y avait, au bivouac 45 mehara, tous montés par des hommes vigoureux et déterminés (2). Les têtes s'échauffèrent : avec un pareille force, on ne pouvait se contenter d'enlever les troupeaux de quelques tentes isolées ; le gros des chameaux des Mouadhi devait, selon la coutume, se trouver, sans gardien, aux environs des Gour Ouargla : c'était là une capture assez importante pour flatter, à la fois, l'amour-propre et la cupidité des Touareg ; il fut décidé, par acclamation, qu'on la tenterait.

Le 2 août, comme le r'azzou arrivait à In Sokki, un mehari s'abattit accidentellement, et l'homme qui le montait, Aberkouch ag Bou Hanba, des Kel Ahnet, se

---

(1) Voir, pour les détails de la marche, l'itinéraire n° 5.

(2) On trouvera, plus loin, les noms de ces 45 aventuriers et le sort de chacun d'eux.

assa la jambe. Cet homme reprit, dès le lendemain, le hemin de sa tente, accompagné par les nommés : :l R'alem ag Melloul, des Kel Ahnet, In Hellouet, origiaire de l'Adr'ar' mais fixé chez les Kel Ahnet, et Barka)uld Ba Ali, des Ouled Zenan de l'Aoulef, qui se trouvait lans l'Ahnet au moment du départ de l'expédition et qui s'était joint à elle.

Quant au r'azzou, il n'avait plus de temps à perdre ; la égion d'In Sokki est relativement fréquentée, et, bien que les gens qu'on aurait pu rencontrer ne se fussent pas laissé voir, et pour cause, il était à prévoir que la marche des Touareg ne tarderait pas à être connue, si même elle ne l'était déjà. Il fallait donc se hâter, pour rriver au but avant que les Mouadhi aient pu être vertis du danger qui les menaçait. Le r'azzou, qui ne comptait plus alors que 41 mehara, se remit en route lès le 3 août.

C'était sage, car, en effet, il venait d'être signalé à n Salah par un homme des Zoua, nommé Abd er Rahman ben Belgassem, qui l'avait aperçu dans les derniers jours de juillet et qui avait jugé prudent de revenir sur ses pas.

Il y avait à In Salah un Madhouï, Bou Hafs ben Lakhal, qui avait quitté irrégulièrement sa tribu en 1884 et qui, désireux de rentrer en grâce, servait d'espion au caïd l'El Goléa. Abd er Rahman, qui le connaissait, alla lui faire part de ce qu'il avait vu, mais il ne put lui dire si es Touareg avaient pour objectif El Goléa et ses dépenances, ou seulement les tentes des Châanbâa dissidents qui campent habituellement en assez grand nombre dans la vallée de l'Oued Sidi Moussa.

Bou Hafs partit aussitôt, dans la direction de l'Est, pour relever les traces du r'azzou, et constata, dans l'Oued Irès Mallen, le passage de 45 mehara se dirigeant vers le Nord-Est. Le doute n'était plus possible : c'était sur la région d'El Goléa que marchaient les Touareg ; mais déjà, ils avaient une avance considérable sur Bou

Hafs et, de plus, celui-ci allait avoir à faire un détour fort long pour les éviter.

Néanmoins, il n'hésita pas, partit à toute vitesse, arriva le 6 août à El Goléa, après avoir franchi, en trois jours et trois nuits, une distance d'environ 300 kilomètres, et donna l'alarme.

Réunis en toute hâte, les Mouadhi se portèrent immédiatement, au nombre de 130, sur Mechgarden, s'y installèrent vers le soir et détachèrent quelques chouafa au Hassi el Malha.

Cependant le r'azzou, après avoir fait boire au Hassi In Ifel le 5 août, s'était engagé, pendant la journée du 6, dans l'Enteg el Malha, long défilé où il ne pouvait être aperçu des chouafa postés au Hassi du même nom. Après avoir franchi une distance de 63 kilomètres, il prit quelque repos et se remit en marche, à 9 heures du soir, pour arriver, au point du jour, au débouché de l'Enteg.

La ligne d'observation des Mouadhi était dépassée : Bou Hafs était arrivé trop tard pour que ses compatriotes pussent empêcher la r'azzia, mais assez tôt pour leur permettre de prendre, sur les Touareg, une revanche immédiate.

Le 7 août, le r'azzou sortit de l'Enteg et Malha au point du jour, et, à 7 heures du matin, après avoir fourni, en 27 heures, une course de 125 kilomètres, il trouva, au pâturage de Daïet ed Drina, 130 chameaux sans gardiens qui furent aussitôt enlevés.

Enhardis par ce facile succès, mais un peu désappointés parce qu'ils avaient compté sur un butin plus considérable, les Touareg se partagèrent en deux groupes : l'un, de 25 hommes, sous la conduite du chef de l'expédition, Hammani ag R'alem (1), emmenant le butin

---

(1) Il est à remarquer qu'Hammani ag R'alem était un amrid et que, néanmoins, il conserva jusqu'au dernier moment le commandement de l'expédition qu'il avait conçue, bien que le r'azzou comptât dans ses rangs plusieurs ihaggaren, parmi lesquels Kenan ag Tissi, neveu et héritier du chef de la confédération.

avec toute la rapidité possible ; l'autre, de 16 hommes, commandé par Abd es Sellam ould El Hadj R'adi, continuant à battre l'estrade, en quête de nouvelles captures.

Le premier de ces groupes fut aperçu par les chouafa des Mouadhi en observation au Hassi el Malha ; ceux-ci avertirent aussitôt leur caïd, Kaddour ben Bel Kheir, resté à Mechgarden avec le gros de ses forces. Jugeant la poursuite inutile, le caïd se porta rapidement, avec tout son monde, sur le Hassi In Ifel, y arriva avant l'ennemi et occupa le puits, le 8, au point du jour.

Les Touareg commandés par Hammani y arrivèrent à leur tour, vers 7 heures du matin, exténués par une course de 250 kilomètres fournie en 51 heures (1).

Les Mouadhi, qui n'étaient pas encore entraînés comme leurs adversaires, n'étaient guère en meilleur état, mais ils étaient plus nombreux.

Les Touareg avaient espéré qu'Abd es Sellam et ses quinze hommes les auraient rejoints pendant la nuit. Il n'en avait rien été et, pressés par la soif, ils se décidèrent, malgré leur infériorité numérique, à essayer de s'emparer du puits. Le caïd Kaddour ben Bel Kheir ne les attendit pas ; il ordonna une attaque à pied ; lui-même et Ahmed ben Lakhal, frère de Bou Hafs, dont les chevaux résistaient encore, restèrent en selle.

Les Touareg, sentant la partie perdue, abandonnèrent les chameaux r'azzés et s'enfuirent en désordre, poursuivis seulement par les deux cavaliers. Ceux-ci furent bientôt séparés de leurs gens, ce que voyant, les Touareg tentèrent de leur couper la retraite par un retour offensif.

D'un coup de fusil, Ahmed ben Lakhal tua Hammani ag R'alem (chef de l'expédition) et, coupant lui-même la retraite à deux hommes : le targui Mohammed ag R'alem et le nègre Bou-Setta, il les chassa devant lui.

De son côté, le caïd Kaddour ben Bel Kheir, poursui-

---

(1) Ils avaient quitté le Hassi In Ifel, le 6 août, à 4 heures du matin ; ils y étaient de retour le 8, à 7 heures du matin, malgré les difficultés résultant de la conduite des 130 chameaux r'azzés.

vant un autre groupe de fuyards, avait déchargé sur eux
six coups de fusil, lorsque sa jument, à bout de forces,
ralentit l'allure. Cinq mehara fondirent sur lui ; il avait
déjà reçu deux sagaies, dont l'une était restée accrochée
à ses vêtements, et les Touareg cherchaient à couper les
jarrets de sa monture, lorsqu'il fut dégagé par Ahmed
ben Lakhal que venaient de rejoindre deux Mouadhi
montés sur des mehara abandonnés par l'ennemi.

Les Touareg ne songèrent plus qu'à fuir ; le caïd et ses
compagnons revinrent au Hassi In Ifel, laissant sur place
le cadavre d'Hammani, ramenant leurs deux prisonniers et dix mehara que l'ennemi avait dû successivement abandonner.

Alors seulement, les Mouadhi apprirent qu'Abd es Sellam et sa troupe étaient encore en arrière ; ils restèrent
donc en position au Hassi In Ifel.

Abd es Sellam, en effet, avait cherché, mais inutile-
ment, des chameaux à enlever. Entendant des coups de
feu, il s'était douté qu'Hammani était aux prises avec
les Mouadhi, et il avait jugé prudent de se retirer vers
l'oued Djedari où il passa la nuit. Mais la soif devenait
intolérable, et, pensant que les Mouadhi avaient abandonné le puits, il se mit, le 9 au point du jour, en marche
sur le Hassi In Ifel où il arriva vers midi.

Les Mouadhi se mirent aussitôt en mouvement, mais,
abandonnant leurs mehara, les Touareg se jetèrent dans
la koubba de Sidi Abd el Hakem où ils pensaient, avec
raison, que leurs ennemis hésiteraient à venir les
attaquer.

Cette koubba, située à un kilomètre environ du puits,
sur la rive gauche de l'oued In Ifel, est en effet une sorte
de lieu de refuge. Elle a été fondée par un marabout des
Zoua des Ouled Sidi Cheikh, Sidi Abd el Hakem, qui y est
mort au commencement de ce siècle et a voulu y être
enterré. Pour se conformer aux dernières volontés du
saint personnage, tous les voyageurs abondamment
pourvus de vivres y déposent des offrandes en nature

qui sont à la disposition des passants moins fortunés. La porte de la koubba est toujours ouverte ; chacun a le droit absolu de s'y reposer et d'user des vivres et de l'eau qui s'y trouvent, mais personne ne peut rien emporter, sous peine d'être frappé de mort par Sidi Abd el Hakem qui, du haut du ciel, surveille attentivement ses hôtes.

Les provisions de la Koubba devaient être bientôt épuisées et la lutte était impossible. Abd es Sellam le comprit et vint, de lui-même, se constituer prisonnier. Ses compagnons, espérant s'échapper à la faveur de la nuit, ne voulurent pas l'imiter encore, mais leur énergie dut céder devant la soif : un à un ils sortirent, et tous furent successivement faits prisonniers.

Le 10 août, les Mouadhi reprirent le chemin d'El Goléa ramenant, outre leurs chameaux repris, 26 mehara enlevés à l'ennemi et 18 prisonniers.

L'un de ceux-ci, Aourar' ag Mehaoua, des Ouled R'ali (imrad des Kel Rela du Hoggar), parvint à s'enfuir pendant la nuit du 10 au 11. Cet homme a réussi à regagner son pays.

Le 11, pendant la marche, excités par leur succès, irrités par une agression que la paix jurée rendait injustifiable, les Mouadhi se rappelèrent les uns aux autres que, jadis, des Ouled Moulet, à qui ils avaient fait grâce de la vie dans des circonstances analogues, avaient, peu de temps après, organisé contre eux une nouvelle expédition. La mort des prisonniers fut résolue : huit d'entre eux furent fusillés séance tenante (1).

Les autres, parmi lesquels deux étaient blessés (2), se placèrent sous la protection d'Ahmed ben Lakhal et de son frère Mansour qui, les entraînant en avant du gros des Mouadhi, parvinrent à leur sauver la vie.

---

(1) L'un d'eux, Chikkadh ag Khenni, que nos gens croyaient avoir tué, n'était que blessé ; il eut la présence d'esprit de simuler la mort, s'échappa quand les Mouadhi furent hors de vue et put rentrer dans l'Ahnet.

(2) Kenan ag Tissi à la main, Mastan ag Ser'ada au genou.

Parmi les survivants, se trouvaient deux nègres esclaves: Bou Setta (1) qui fut donné à titre de cadeau, aux Abids des Ouled Sidi Cheikh, et Ir'zerem (2), dont il fut fait présent aux Abids de Si El Hadj Bou Hafs.

Mais, là ne devait pas se borner le désastre des Touareg :

Tandis que les débris de la troupe d'Hammani s'efforçaient de regagner la région de l'Ahnet, un groupe de sept Châanbâa dissidents, en quête d'aventures, releva, à In Sokki, les traces que le r'azzou y avait laissées de son passage le 2 et le 3 août. Les Châanbâa suivirent ces traces et se trouvèrent, bientôt, en présence de sept Touareg qui revenaient sur leurs pas. Ils les attaquèrent, en tuèrent quatre et firent les trois autres prisonniers. Ceux-ci leur apprirent dans quelles circonstances ils avaient été battus par les Mouadhi et ajoutèrent qu'ils étaient suivis de près par quelques-uns de leurs compagnons d'infortune. Les Châanbâa les mirent à mort et se portèrent en avant, en continuant à suivre les traces qu'ils avaient relevées.

A la nuit tombante, ils rencontrèrent le groupe signalé, l'attaquèrent et lui tuèrent un homme, le Touati Mohammed ben ?.... Les Touareg, exténués, n'essayèrent même pas de lutter ; abandonnant armes et montures, ils s'enfuirent dans toutes les directions, et les Châanbâa dissidents regagnèrent leurs campements avec un butin de 14 mehara.

---

(1) Bou Setta a été livré à l'autorité Française par Si Kaddour ben Hamza ; il est arrivé à Alger au mois de mai 1888 ; son interrogatoire ne nous a rien appris de plus que ce que nous avons consigné dans notre travail. Cet homme doit son nom (Bou Setta veut dire l'homme aux six) à une particularité assez bizarre : il a six doigts à chaque main et au pied gauche. Le doigt supplémentaire, parfaitement formé, a son origine en dehors et à la base du petit doigt ; il est un peu plus court que ce dernier.

(2) Ir'zerem s'est enfui de chez ses nouveaux maîtres, et a pu rentrer dans l'Ahnet.

En résumé, les Touareg avaient eu, dans cette désastreuse expédition, outre une perte matérielle de 40 mehara équipés :

16 hommes tués, soit par les Mouadhi, soit par les Châanbâa dissidents............................. 16

8 hommes faits prisonniers 8

Total..... 24

En ajoutant à ces chiffres :

1° les 4 hommes rétrogradés d'In Sokki le 3 août... 4 ⎫
⎬ 13
2° 9 hommes qu'on savait être rentrés sains et saufs dans leurs tentes..................... 9 ⎭

On n'arrivait qu'à un total de.................... 37

Restaient donc 8 hommes dont on n'avait aucune nouvelle.

On sait aujourd'hui que six d'entre eux ont pu regagner leurs tentes, et que les deux autres, égarés dans le Sahara, sans vivres et sans eau, y sont morts de privations.

Voici, du reste, la composition du r'azzou et le sort de chacun de ses membres :

ORIGINE	NOMS	PRISONNIERS	FUSILLÉS	TUÉS	RÉTROGRADÉS	RENTRÉS SAUFS	Morts de privations	OBSERVATIONS
6 Ihaggaren des Taïtoq. . .	Kenan ag Tissi.	1	...	...	...	...	...	
	Mastan ag Ser'ada.	1	...	...	...	...	...	
	Tachcha ag Ser'ada.	1	...	...	...	...	...	frère du précédent.
	R'ebelli ag Bougouam.	...	1	...	...	...	...	
	Amoumen ag R'ebelli.	1	...	...	...	...	...	fils du précédent.
	Bou Khida ag Guerguerouk. .	...	...	...	...	1	...	
1 Iradjenaten des Irechchoumen	Aguessin ag Sour'i.	...	...	...	...	1	...	
	Hammani ag R'alem.	...	...	1	...	...	...	chef du r'azzou.
	Baba ag Hammani.	...	...	1	...	...	...	fils du précédent.
	Kheddada ag R'alem. . . .	...	...	1	...	...	...	frère de l'ante-précédent.
	Bou Kar'ma ag R'alem. . . .	...	1	...	...	...	...	id. id.
	Bassi ag R'alem.	...	...	...	...	1	...	id. id.
	Mohammed ag R'alem.	...	1	...	...	...	...	id. id.
	Khenmettal ag R'alem. . . .	...	1	...	...	...	...	id. id.
	Chikkadh ag R'ali.	1	...	...	...	...	...	
	Aggour ag Chikkadh.	1	...	...	...	...	...	
	Tinsaoum ag Seddik.	...	1	...	...	...	...	
	Ngokhi ag Mamma.	...	1	...	...	...	...	
	Chikkadh ag Khenni.	...	...	...	...	1	...	
26 Imrad des Kel Ahnet . . .	Ilbog ag Ahmed.	...	1	...	...	...	...	
	Moussa ag Koui'l.	...	...	...	...	1	...	
	Baba Ahmed ag Moummou. . .	...	...	...	...	1	...	
	El Kebib ag Moummou. . . .	...	...	1	...	...	...	frère du précédent.
	Sidi ag Mohammed.	...	...	1	...	...	...	
4 Nègres esclaves. . . .	Fendgouma.	...	...	...	...	1	...	esclave de Bou Khida ag Guerguerouk des Taïtoq.
	Alemsener.	...	...	...	...	1	...	esclave de Chikkadh ag R'ali, des Kel Ahnet.
	Ir'zerem.	...	...	...	...	1	...	esclave de Khadidja, femme des Irechchoumen.
	Bou Setta.	1	...	...	...	...	...	esclave de Reicha, femme des Irechchoumen.
8 Étrangers. . .	Abd es Sellam ould El Hadj R'adi.	1	...	...	...	...	...	originaire des Châanbâa el Mouadhi, guide du r'azzou.
	In Hellouet ag ?.	...	...	...	1	...	...	originaire de l'Adr'ar', fixé chez les Kel Ahnet.
	Aourar ag Mehaoua.	...	...	...	...	1	...	frères, de la tribu des Ouled R'ali (imrad des Kel Rela du Hoggar).
	Moussa ag Mehaoua.	...	...	...	...	1	...	
	Barka ould Embarek.	...	...	1	...	...	...	frères, des Ouled Zenan (Aoulef).
	Bihi ould Embarek.	...	...	1	...	...	...	
	Abdin ben ?.	...	...	1	...	...	...	Arabes du Touat.
	Mohammed ben ?.	...	...	1	...	...	...	
45	ToTAUX.	8	7	9	4	15	2	

ERRATA

Pages.	Lignes.	Au lieu de :	Lire :
VI	1	targui,	targuie
VII	6	comme une marque,	comme marque
VIII	31	cheikat,	cheïkhat
X	16	Tibr'ent,	Tilr'emt
X	18	Ra'oui,	R'aoui
XI	7	Mouhadhi,	Mouadhi
XII	24	*Impot,*	*Impôt*
XIV	3	HAGGAR,	AHAGGAR
XV	7	mahouar,	mhaouar
XV	19	Ouabite. — Abadite,	Ouahbite Abadite
XVI	8	puits,	points
8	6	le chaânbi,	le frère du châanbi
16	11	agrégés,	agrégées
19	14	trop nombreuses,	trop peu nombreuses
22	1 de la note	Haggar,	Hoggar
23	3 de la note	Kel amdja,	Kel Amdja
24	7	sidi,	Sidi
24	14	les arabes,	les Arabes seuls
43	5 de la note	de Guergour,	du Guergour
43	7 de la note	El Habeb,	El Habel
43	8 de la note	cet oasis,	cette oasis
44	4	*Khrelaá* des arabes,	*Kheláa* des Arabes
44	19	Ternadjar't,	Temadjar't
44 / 45		Les notes (1) de ces deux pages doivent permuter entre elles.	
45	2	Tadrent,	Tadr'emt
45	17	Aredjradh,	Acedjradh
46	6	Aneffadjen,	Aneffodjen

Pages.	Lignes.	Au lieu de :	Lire :
46	18	Ouaden,	Oudaden
47	31	fraction,	fractions
49	28	Henkar,	Ibenkar
50	4	Aredjradh,	Acedjradh
50	15	aziz,	Inziz
52	18	y est placé,	il y est placé
53	note	la *Flore*,	*Flore*
54	9	de Mouydir,	du Mouydir
54	28	Tirchart,	Tirehart
54	29	T'edj'ehe,	Tedjéhé
55	3	Tassilli,	Tassili
55	8	montage,	montagne
56	4	Tejakant,	Tajakant
57	15	aussi,	et aussi,
57	20	*Talah*	*Talha*
59	3	*Mœrna,*	*Mœrua*
59	6-7	petits, qui n'appelle	petits qui n'appellent
59	17	*Ogle*	*Æyle*
60	20	*Elieodendron,*	*Elœodendron*
61	11	Aouled,	Aoulef
61	21	reconnue	reconnu, et fermer la paren-thèse après le mot Essai.
61	24	*Bignognia,*	*Bignonia*
61	28	*Cucunis,*	*Cucumis*
62	10	*Fornium,*	*Formium*
62	23	ayoine en	avoine ; en
63	14	AD'RILAL	ADR'ILAL
63	17	l'appel	l'appelle
63	19	*Absaq. — Acacia arabica,*	*Absaq (Acacia arabica)*
63	23	*Cornalaca*	*Cornulaca*
64	13	TÉROUMMOUT	TER'OUMMOUT'
64	24	*Suada,*	*Suœda*
64	27	ARMAS	ARMASS
65	19	*Reguig*	REGUIG
67	22	LE MOUTON est	LE MOUTON. — Il est
68	6	LA CHÈVRE est	LA CHÈVRE. — Elle est
68	12	*Tirs'i*	*Tir'si*
68	13	LE CHEVAL est	LE CHEVAL. — Il est
68	18	L'ANE se nomme	L'ANE. — Il se nomme

Pages.	Lignes.	Au lieu de :	Lire :
68	22	LE CHIEN est	LE CHIEN. — Il est
70	3	*Ahouhil*	*Ahoulil*
70	31	*Imadjel*	IMADJEL
73	6	vent,	vent violent
73	9	tous	tout
74	34	blanches	*blanches*
75	3	mahara	mehara
77	9	Amadr'ar	Amadr'or
83	8	TIKAMMAZIN	TIKHAMMAZIN
87	15	la valeur	sa valeur
88	26	zèbre	zébu
91	9	JABEDJAN	IABEDJAN
94	22	Adr'ar	Adr'ar'
94	25	TADJAIHI	TADJANIHI
95	13	*Ourek*	*Ouerk*
99	9	*Tadjhani*	*Tadjanihi*
100	24	parieurs, qui le conseille	parieurs qui le conseillent
105	18	*Tihadad* (BASSOUR	TIHADAD *(Bassour*
108	9	doit restituer	doit tout restituer
136	3e case 6e col.	Toullout	Toulloult
139	30	Ces deux villages,	Ces deux derniers villages.
148	1re case 9e col. 4e ligne	d'Ouahaïen, se réunis- sent,	d'Ouahaïen se réunissent
156	2e case 6e col.	arrassou,	arassou
156	2e case 8e col. 5e ligne	lac	col

TABLE DES MATIÈRES

Les deux cartes sont
dans la boîte d'affiche
pour le même côté